Christian Stangl
Skyrunner

UNGLAUBLICHE AUFSTIEGE EINES ALPINEN PROTAGONISTEN

Ernst Kren | Leykam

Speed

Sie kommen gerade aus Nepal und haben dort den 8.201 Meter hohen Cho Oyu bestiegen. Wie lange haben Sie dazu gebraucht?

Fünfzehn Stunden und sechs Minuten, nonstop vom Basislager zum Gipfel.

Die Besteigung eines Achttausenders ist für die meisten Menschen unerreichbar, für viele Bergsteiger ein Lebensziel. Und Sie machen das – wie auch schon den Mount Everest – als Tagestour?

Genau.

Andreas Lesti, Frankfurter Allgemeine Zeitung

11
Kodak EPP 3411
Kodak EPP 3411

Inhalt

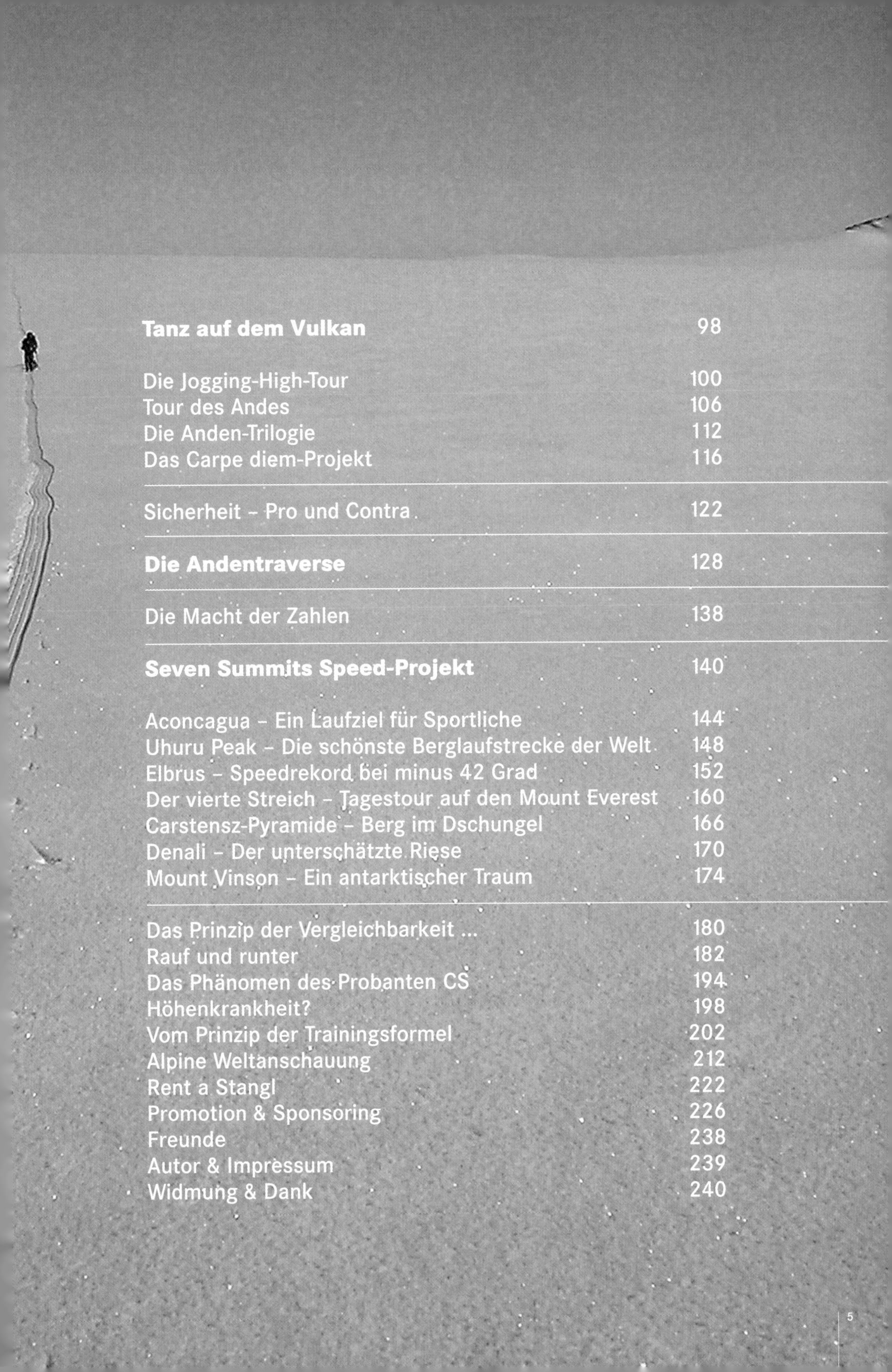

Ojos del Salado, 6.893 Meter, Chile

Start im Basecamp

An einem Sonntagnachmittag im März ...

... saß ich im gemütlichen Wohngemach von Christian und Birgit in Hall bei Admont. Unser Beisammensein eröffnete der „Skyrunner“ mit dem Satz: „Du, ich hab da eine Aufgabe, alle wollen was von mir, ich brauch ein Buch oder so etwas.“ Alle, das sind internationale Medien, Zeitungen und Fernsehstationen, Verlage und Sponsoren, die an jenem Mann interessiert sind, der in der jüngeren Geschichte des Bergsteigens ein neues Kapitel aufgeschlagen hat. Christian Stangl – allein die Aussprache dieses Namens genügt, um in Fachkreisen fast zwingend Achselzucken und Kopfschütteln hervorzurufen: „Ach ja, das ist der, der den Everest als Tagestour ...“ lautet unisono das Fazit. Erläuternde Kommentare scheinen unangebracht, so, als ob das Zauberwort Stangl ohnehin jede weitere Diskussion erübrigen würde.
Der begnadete Allrounder ist mir schon Anfang der 90er-Jahre „über den Weg gelaufen“. Die Begegnungen im Gebirge waren aber stets von flüchtiger Natur, Chri war und ist einer, den man vornehmlich von hinten sieht und der ständig das Gefühl hinterlässt, man hätte „die Kunst der Langsamkeit“ für sich gepachtet. Die Aufgabe, nun seine Laufbahn zu skizzieren und grafisch in Form zu bringen, übernahm ich rasch und ohne Zögern. In den zahlreichen darauf folgenden Gesprächen präzisierte

sich dann der Gedanke, dass es mit einer simplen Sortierung seiner „unglaublichen Aufstiege" allein nicht getan war; vielmehr bestand die Aufgabe darin, das Wesen des „Phänomens Stangl" zu ergründen und das Futuristische seiner Leistungen nüchtern zu analysieren. Ersteres war so einfach wie das Naturell des Akteurs selbst: Stangl ist unkompliziert und pragmatisch, was er denkt, das sagt er, und was er sagt, das tut er. Von Kritikern wird ihm deswegen gern Überheblichkeit unterstellt – ein Fehlurteil, das schon im bescheidenen Basecamp des Skyrunners widerlegt wird; nichts deutet dort darauf hin, dass einer der weltbesten Alpinisten in Saus und Braus lebt. Im Gegenteil, Bescheidenheit ziert das geschmackvolle Ambiente, deutlich erkennbar ist das Händchen seiner Freundin Birgit, die nicht nur der sonnige Ruhepol des Rastlosen ist, sondern oftmals auch dessen Gefährtin bei diversen Unternehmungen. Und Birgit war es auch, die seine „kosmische Unordnung" oftmals mit Fakten zu strukturieren wusste. Kein einfaches Unterfangen, ein Tourenbuch existiert nicht, vorhandene Aufzeichnungen sind bar jeder Ordnung, und auch das Bildarchiv entbehrt einer brauchbaren Systematik. Irgendwann schafften wir es dennoch, eine Art Index seines alpinen Œuvres zu erstellen, wenngleich hier seinerseits dem Anspruch auf Vollständigkeit keinerlei Priorität eingeräumt wurde.
Christian Stangl ist zweifelsohne eine Ausnahmeerscheinung im internationalen Alpinzirkus. Angesichts seiner vielbeachteten Unternehmungen war ich stets geneigt, seine spektakulären Gipfelgänge mit Superlativen rhetorisch hervorzuheben, doch genau dies verweigerte er mit Vehemenz und zensurierte diesbezügliche Anwandlungen umgehend per Federstrich. Denn dies führe unweigerlich zu unzulässigen Vergleichen meinte er, und als Protagonist in der Entwicklung des Bergsports sei ihm Konkurrenzdenken ohnehin fremd. Trotz sachlich nachvollziehbarer Erläuterungen, bleibt der professionellen Alpingilde ob seiner akkordartigen Gipfelläufe immer ein Nachgeschmack des Rätselhaften, manche meinen gar des Wundersamem. Dabei ist der „Stanglstil" ein ganz und gar profanes Ergebnis konzentrierter Arbeit, ein Produkt kompromisslosen Intensivtrainings und somit die Summe eines Prozesses, der im ständigen Wechselbad zwischen Erfolg und Scheitern Schritt auf Tritt heranreifte. Im Zuge seiner Biografie wird auch deutlich, dass der Skyrunner aus den Gesäusebergen trotz aller aufsehenerregenden Spitzenleistungen geblieben ist, was er immer war: Ein Individualist mit Visionen, der getreu seinem Motto „Seien wir realistisch, fordern wir das Unmögliche", das Rad der Alpingeschichte „laufend weiterdreht".

Ernst Kren | Admont 2009

Die Lösung, unser eigenes Leben
so zu gestalten, dass es uns wirklich erfüllt,
mag scheinbar schwierig zu finden sein.
Zumal man ja nie wirklich weiß, ob man
einen „Katzensprung“ oder „meilenweit“
davon entfernt ist.

Christian Stangl (CS)

MINERALS
KNAUF
MINERALS

Kindheit

Herr Stangl, sind Sie als Kind eigentlich gerne gewandert?

Immer schon. Mit vierzehn bin ich allein losgezogen. Das wurde dann schnell exzessiv: Ich bin einfach sieben Tage in eine Richtung gewandert und habe drei Gebirgszüge überschritten.
Damals schon sehr schnell, es hat mich immer gefreut, wenn ich jemanden überholt habe.
Meine Mutter sagte immer: Kannst du nicht auch wie ein normaler Bub ausgehen und dich mit Mädchen treffen? Aber das hat mich überhaupt nicht interessiert.
Meinen ersten Berg habe ich schon mit zwei Jahren gemacht. Aber das war kein richtiger Skyrun: Die letzten Meter zum Gipfel saß ich auf den Schultern meines Vaters.

Andreas Lesti, FAZ – 2007/244

Laufbahn im Kinderschuh

Von der Universität des Bergsteigens in die weite Welt

Es war die letzte Viertelstunde des Jahres 1989, heftig kochte das Eintopfallerlei, daneben ein Gebräu aus verschiedensten alkoholträchtigen Inkredienzien in ausreichendem Gebinde und wir, eine Handvoll Bergvagabunden aus dem Gesäuse, fürchteten ernsthaft, dass die orkanartigen Stürme die Hesshütte demnächst vom Ennsecksattel verblasen würde. Beim Gang aufs 50 Meter entfernte Örtchen hatte man echte Not mit der Notdurft, insbesonders damit, brusttief im Schnee versunken das schützende Haus wiederzufinden. Der Schneesturm tobte dermaßen heftig, dass ein Überleben da draußen schier unmöglich schien. Dann – das Chronometer zeigte auf 23 Uhr 45 – ein heftiges Poltern! Jetzt ist es soweit dachten wir, der Sturm hat die Verankerungen der Stahlseile herausgerissen, bald fliegt als Erstes das Hüttendach! Die unheimliche Geräuschkulisse ging in ein arhythmisches Stampfen über und deutlich war schon das Gemurmel des Orkans im Voraum zu vernehmen. Plötzlich – das Ende schien gekommen – riss es die schwere Hüttentür auf ... und herein stolperten „die Geister des Windes“ in Form von drei keuchenden Gestalten: „Servus! Habt’s was Warmes zum Saufen da?“ Momentan stockte uns vor Schreck das Blut in den Adern – wo kommen die denn her? Den einen kannten wir gleich, es war der Göschl Wolfgang aus Hall, der Zweite trug das Attribut „Newcomer“ und auf die Frage zum Dritten: „Wer bist denn du?“, kam die Antwort aus vereistem Gesicht: „I bin da Stangl Chri!“ Spektakuläre Auftritte wie diesen lieferte der designierte Superstar der Alpinszene forthin am laufenden Band. Zunächst aber ein Blick in dessen Anfänge mit einem Auszug aus dem Buch „Gesäuse – Alpingeschichte aus der Universität des Bergsteigens“:

Der alpine Jungspund auf dem Mont Blanc, 1985

An einem warmen Sommertag anno 1966 ...

... erblickte Christian Stangl das Weltenlicht aus Mooslandler Sicht. Dort, ganz im Osten der Gesäuseberge, war der Begriff Skyrunner ein noch nicht erfundenes Fremdwort - dennoch schwartelte der Gesäusespross schon als Kleinkind auf und davon. Zunächst unter der Aufsicht des Vaters, Holzlastfahrer seines Zeichens, der seinen Filius bis in die hintersten Gräben und von dort aus auf so manchen Gipfel zwischen Hochschwab und Gesäuse mitnahm. Heute wird dieser Vorgang Frühprägung genannt und tatsächlich muss in der Zeit des unselbstständigen „Hechgehens" der Grundstein für eine außergewöhnliche Bergsteigerkarriere gelegt worden sein. Freilich war der spätere Lauf der Dinge da noch nicht zu erahnen, galt es doch, sich vorab einer Ausbildung in Elektrotechnik zu widmen, kurz: einen anständigen Beruf zu erlernen. Die ersten selbstständigen Gehversuche in steilem Fels fanden noch unter Ausschluss der Öffentlichkeit statt: Bei so manchem Unternehmen, z. B. anlässlich eines Sologanges in der Planspitze inklusive veritablem Verhauer, hätte die Familie der Schlag getroffen!

Quergang auf dem Kalbling-Südgrat; Stangls erste „offizielle" Klettertour
Rechte Seite: Szenen von den Anfängen des „Skyrunners"

Der offizielle Kletterstart fand am Admonter Kalbling in Seilschaft mit Franz Huber und Ernst Tramberger statt. Zuvor, in seiner pubertären Hochblüte, plante der 15-Jährige eine Tour, die schon eine Ahnung von späteren Unternehmungen aufkommen ließ: Er startete vom Heimathaus aus, überschritt im Alleingang das Gesäuse, die Niederen Tauern, das Dachsteinmassiv und landete sieben Tage später - waschelnass und ausgehungert - in Gosau. *Ja, das war schon eine echte Expedition!,* meint Stangl nachträglich. Vier Jahre später wurden die Wege schon weitläufiger: Mit einem alten Puch-10-Gang-Rad startete er wiederum in Mooslandl, fuhr damit durch die Alpenländer, bestieg Matterhorn, Mont Blanc und Eiger, überschritt das Piz Palü-Massiv, radelte weiter nach Italien, besuchte dort den Gipfel des Ortlers und strampelte zurück ins Gesäuse. Gesamt: 28 Tage.

Frühsolist und Nordwand-Achter

Bald änderten sich die Dimensionen in sprichwörtlich rasantem Tempo. Christian hakte sämtliche Klassiker, aber auch die damaligen Sportkletterrouten der Gesäuseberge sukzessive ab, beging etliche Touren im Solostil und legte erste verdächtige Rekorde hin (Rosskuppenkante in

41 Minuten, Peternschartenkopf N Wand in 36 Minuten ...) oder, nicht minder aufsehenerregend, zusammen mit Jürgen Reinmüller den berüchtigten „Buhlweg“ in uneingeholten viereinhalb Stunden! Ein starkes Jahr war 1988, wobei da ein Unternehmen besonders herausragte: Peterschartenkopf Nordwand hinauf, Planspitze Nordwestwand hinunter, Peterschartenkopf Nordostwand hinauf, Peternpfad hinunter, Rosskuppenkante hinauf, Peternpfad hinunter, Pfannl/Maischberger (Hochtor) hinauf und Jahn/Zimmer hinunter in acht Stunden und 32 Minuten. Spätestens mit diesem „Nordwand-Achter“ war den staunenden Insidern klar: Der Mann ist nicht mit normalen Maßstäben zu messen!

Natürlich beschränkte sich der Jungalpinist nicht aufs Felsmetier allein, und so folgten zahlreiche Winterbesteigungen für Hartgesottene, unter anderem mit Wolfgang Göschl die erste am Clochardpfeiler, bzw. Mehrfachversuche im „Reibeisen“ in der Hochtor Nordwand. Mit Andi Hollinger kam er in der Dachl-Rosskuppenverschneidung wegen der widrigen Verhältnisse nur zögerlich voran, sodass sich das Duo am Ausstieg zu einem Biwak genötigt sah. *Es war so saukalt, dass der Andi lautstark mit den Zähnen klapperte; an Schlaf war also nicht zu denken und so traten wir bei Nacht und Nebel den Heimweg über den tief verschneiten Peternpfad an. Eine Erstbegehung der anderen Art* (aufgrund vergessenen Schuhwerks) *führte zur „ersten Winterbegehung der Hochtor Nordwand in Pelzstiefeln“, die letzten Seillängen kletterte mein Partner Gerhard Auer blind, weil ihm auch noch die Stirnlampe hinunter gefallen war ...* In diesen Jahren vertiefte Stangl auch sein Ausdauervermögen mit eintägigen Winter-Kombinationen wie beispielsweise: Kalte Mauer Westgrat, Kl. Buchstein Ostwand und Lugauer Nordostgrat.

Der spätere Skyrunner hat die „Hochschule des Bergsteigens“ mit Bravour absolviert; seine Leistungen in den folgenden Jahren gingen vom Gesäuse aus ... und führen ihn bis heute immer wieder dorthin zurück.

Lima, Peru 1990

Phase I

An ihrem Zelt in 6000 Metern Höhe auf dem Ogre
im nordpakistanischen Karakorumgebiet donnerten
die ganze Nacht Eislawinen vorbei.
In der Früh kam dann die Lawine, die das Zelt traf.
„Als ich die Druckwelle gespürt habe, wusste ich:
Jetzt sind wir genau in der Falllinie.“ Wenig später
wusste er auch: Der Oberschenkel war gebrochen.
... während sein Partner Hilfe holte, musste er,
verschnürt in einem Schlafsack, allein auf dem Berg
warten. „Die zwei Nächte habe ich geglaubt, es
geht sich nicht mehr aus. Immer wieder Eisbrocken,
und ständig hat es geschneit. Wenn du so verschnürt
eingeschneit wirst, erstickst du.“

Alfred Lobnik, Kleine Zeitung 23. 07. 91

Harte Lehrjahre

Höhenbergsteigen

an technisch schwierigen Wänden

Nach zahlreichen Bergfahrten quer durch die Alpen und einer ersten großen Andenreise folgten Anfang der 1990er-Jahre große Siebentausender in Zentralasien. Das erste Unternehmen, des im pakistanischen Teil Kaschmirs gelegene Ogre (7.286 Meter) endete in einem Desaster, welches das Duo Stangl/Göschl nur knapp überlebte. Zwei Jahre später wurde erneut Richtung Karakorum aufgebrochen, wobei schon die Anreise über Land mit einem alten Feuerwehrauto ein Abenteuer für sich darstellte. Ziel der Mannschaft Stangl/Hollinger/Göschl/Strausz war der ebenfalls in der Panmah Muztagh-Gruppe gelegene Latok II (7.156 Meter). In die Kategorie „technisch schwierige Wände“ fällt auch das Projekt Khan Tengri: die 7.010 Meter hohe Pyramide im Grenzgebiet zwischen Kasachstan, Kirgisistan und China bestieg Stangl im Jahre 2002 mit Jürgen Reinmüller.
Ogre, Latok und Khan Tengri gelten als klettertechnisch sehr schwierige Gipfel, die mit Passagen bis zum oberen sechsten Schwierigkeitsgrad – kombiniert mit Steileis und Schnee – alpines Allroundkönnen voraussetzen. Hier bewährten sich langjährige Seilschaften, gute Kletterer und erprobte Winterbergsteiger, allesamt Kommilitonen aus dem Campus Gesäuse, die hier im Team mit Christian Stangl unterwegs waren. In den folgenden Abschnitten kommen vornehmlich die jeweiligen Partner zu Wort: So erzählen Wolfgang Göschl, Andi Hollinger und Jürgen Reinmüller in ihren Berichten und Interviews von waghalsigen Erlebnissen an den hohen und technisch schwierigen Bergen Zentralasiens.

Einstieg in die Khan Tengri-Südwand

Drama auf dem Ogre

Zuerst kam die Lawine, dann der Bär

Der Ogre (übersetzt der „Menschenfresser") ist ein 7.285 Meter hoher Berg im pakistanisch kontrollierten Teil des Karakorum. Er ist der höchste Gipfel des Panmah Muztagh, einer nordwestlich vorgelagerten Gruppe des Karakorum. Die Erstbesteigung des als einer der schwierigsten Berge der Welt geltenden Ogre gelang erst 1977 (Bonington/Scott) über den Westgrat. Danach scheiterten 20 Expeditionsteams beim Versuch einer Zweitbesteigung, darunter auch das steirische Team Stangl/Göschl. Die beiden kannten sich zunächst nur vom „Hörensagen", begegneten sich 1987 erstmalig auf dem Peternpfad und vereinbarten dort eine Bergfahrt in die Westalpen. Es folgten zahlreiche schwere Touren (z. B. die erste Winterbegehung des Clochardpfeilers in der Planspitze, Bergfahrten in den Westalpen und in den Anden), bis 1991 das „Projekt Ogre" auf dem Plan stand. Das Unternehmen begann zunächst vielversprechend ... bis die Lawine kam! Wolfgang Göschl berichtet davon im Interview:

Ogre, Ogre? Den Berg kennt kein Mensch. Wie seid ihr darauf gekommen, ausgerechnet den „Menschenfresser" zu besteigen?
Wir hatten nur ein Minimalbudget, weshalb wir einen „billigen" Berg suchten, wo keine Gipfelgebühren zu entrichten waren. Im Zuge der Recherchen stießen wir dann auf den erst einmal bestiegenen Ogre.
... der zu den schwierigsten Gipfeln im Karakorum zählt.
Ja, genau darin lag der Reiz: Es sollte eine gewisse Herausforderung sein. Schon die Anreise von Gilgit über Askole ins Basislager war eine besondere organisatorische Aufgabe. Wir planten einen sechswöchigen Aufenthalt im

Ogre-Südseite von Baintha über dem Uzun-Brakk-Gletscher

Basislager. Mit dabei hatten wir einen Koch, eine Ziege als Lebendproviant und eine Schrotflinte, da uns von unangenehmen Begegnungen mit Himalaya-Schwarzbären erzählt wurde. Nach einem sechstägigen Anmarsch erreichten wir das Basislager in ca. 3.800 Metern Höhe. Wir begannen auch gleich mit der Akklimatisation, errichteten ein vorgeschobenes Lager und schleppten am Folgetag unser Equipmet bis in eine Höhe von 6.000 Meter.

Zu jenem unseligen Platz?

Ja, der im Übrigen der weitum einzig objektiv sichere Ort war. Wir errichteten direkt auf einem Sporn in exponierter Lage unser Biwak und fühlten uns dort auch recht sicher. Von diesem Lager aus sollte das weitere Gelände erkundet werden, da es in der Nacht aber zu schneien begann, wollten wir am nächsten Morgen wieder absteigen.

Hat sich das Unheil irgendwie angekündigt?

Überhaupt nicht. Es war so gegen sechs Uhr früh, wir wollten gerade Tee kochen, als ein heftiges Getöse lautstark und rasch näherkam. Eine mächtige Lawine ging links und rechts von unserem Biwakplatz ab, haufenweise schlugen „verirrte" Eisbrocken direkt auf den Sporn auf. Wir wurden im Zelt wie ein Schnitzel regelrecht weich geklopft – einer dieser Brocken traf Christian am Oberschenkel. Das Intermezzo dauerte eine ewiglange Minute. Dann war's still. Mit einem Messer schnitt ich die Zeltfetzen auf, auch Chri befreite sich aus dem Chaos – beim Anblick seines Oberschenkels war uns sofort klar: Da geht nichts mehr, jetzt haben wir ein erhebliches Problem!

Eine schwere Verletzung in 6.000 Meter Höhe, heikles Gelände, eine Ewigkeit bis ins Basecamp, weit und breit niemand da, der helfen konnte?

Zustiegspassage auf dem Ogre

Ist Christian da nicht in Panik geraten?
Nein. Im Gegenteil. Wir haben die Situation sachlich abgehandelt und wussten, was zu tun war. Zunächst schiente ich das Bein mit Skistöcken und einer Isomatte, verpackte ihn im Schlafsack und verschnürte aus Zeltresten und einer Matte das Ganze zu einem transportfähigen Paket. Dann ging's abwärts, 300 Meter tief, steile Flanken mit mangelhaften Ausrüstungsresten, da waren alle denkbaren rettungstechnischen Raffinessen gefragt. Deshalb hat's auch ewig gedauert, bis wir endlich den Wandfuß erreichten.
Aber der Wandfuß bedeutete nicht die endgültige Rettung.
Die ganze Aktion war erst die Ouvertüre. Es hatte ja durchgehend geschneit, in den flachen Passagen wurde das Hintnachschleifen im bauchtiefen Neuschnee schlicht unmöglich. In der Mitte des Plateaus war Schluss. Ich versorgte Christian dort provisorisch und spurte hinaus ins Basislager, wo ich unseren Koch sofort Richtung Askole schickte um Hilfe zu holen, kochte noch eine Suppe, packte etwas Ausrüstung zusammen und machte mich wieder auf den Rückweg. Es war schon nach Mitternacht und ich hatte erhebliche Mühe, Christian – nach 16 Stunden – im dichten Schneetreiben wiederzufinden.
Wie ist's dann weitergegangen?
Christian ging es den Umständen entsprechend gut. Er hat noch mitgeholfen, um an den Plateaurand zu gelangen, wo wir halbwegs sicher biwakieren konnten. Dort war dann Ruhen das Gebot der Stunde; ich war ja auch von den Eisbrocken am ganzen Körper „angeschlagen" und musste mich von den Strapazen erst einmal erholen. Am nächsten Tag ging dann die Tortur weiter. Ich hatte keine Chance, Chri im Tiefschnee hinter mir herzuziehen. Deshalb spurte ich mit der Ausrüstung vor, brach dabei immer wieder in den Gletscherspalten ein, ging wieder zurück und zog das „Paket" durch die so angelegte Furche weiter. In der Zwischenzeit traf unser Koch am Weg nach Askole eine italienische Mannschaft – die eilten uns entgegen und halfen, den Schwerverletzten über die Moränen hinaus ins Basislager zu tragen, wo wir am Abend des dritten Tages ankamen.
Ende gut, alles gut?
Bei Weitem nicht. Da hat das ganze Dilemma erst so richtig angefangen, da war dann die Tugend der Geduld gefragt. Wir rechneten damit, dass jederzeit ein Hubschrauber der pakistanischen Armee auftauchen würde – und warteten ... bis wir dann langsam „spinnert" geworden sind: Unentwegt hörten wir Rotorengeräusch und es kam ... nichts! Vierter Tag – nichts, fünfter Tag – nichts. Zwar war Christian trotz enormer Schmerzen guter Dinge, von Resignation keine Spur, aber das elende Warten zermürbte uns mental. So beschlossen wir am sechsten Tag, dass ich nach Askole laufe, um selbst Bergungsmaßnahmen zu organisieren.

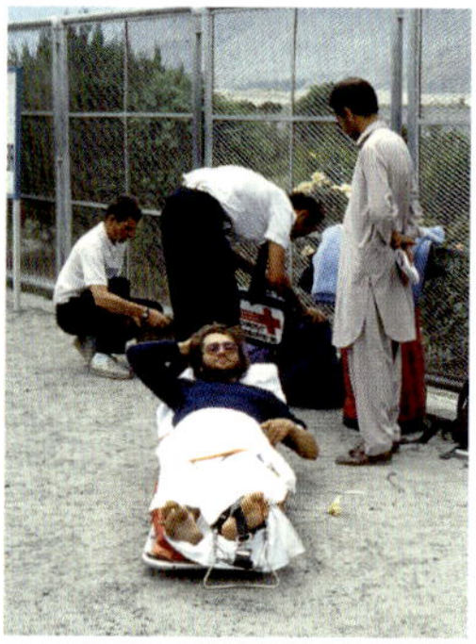

Am Ogre-Wandfuß | Bärenpranke im Sand | Vor dem Flug nach Islamabad

Und Christian blieb allein im Camp?
Ja, wobei er so allein ja nicht war!
Inwiefern?
Am späten Nachmittag bekam er Besuch bzw. wurde Zeuge, wie ein ausgewachsener Bär zunächst unserer Ziege den Garaus machte. Das war gut, so war das Tier zumindest eine Zeit lang beschäftigt, aber dann hat ihn das Viech die ganze Nacht sekkiert; Chri wehrte sich, hilflos im Zelt liegend, indem er Kerosin verbrannte und mit den Kochtöpfen Krawall schlug. Für den finalen Moment hatte er die Schrotflinte parat ... Am nächsten Tag – Meister Petz hatte sich kurzfristig vom Lager entfernt – nutzte er die Gelegenheit, und schleppte sich ein paar hundert Meter davon. Er wollte einfach nicht im letzten Augenblick noch dem Bären zum Opfer fallen.
Wann bist du in Askole angekommen?
Nach 19 Stunden. Dort habe ich erfahren, dass ein Helikopter „schon" unterwegs sei. Doch die Pakistanis ließen sich Zeit und nahmen den Schwerverletzten – nur im Zuge eines Versorgungsfluges für die Armee – so nebenbei mit. Derweil rief ich die Tyrolian Air auf den Plan und nach einigem Hin und Her bzw. nach einer weiteren Odyssee bis Islamabad wurde Christian – zwölf Tage nach dem Unfall – erstmals medizinisch versorgt und schlussendlich nach Graz geflogen, wo er im Krankenhaus, quasi als Draufgabe, beinah an einem Lungenkollaps starb ...
Dein Fazit?
Ein absolut grenzwertiger Erfahrungsgewinn. Es ist kaum vorstellbar, welche Kräfte ein Mensch in Notsituationen entwickeln und welche Peinigung man ertragen kann. Viele hätten diese Tortur nicht überlebt. Christians ungebrochener Optimismus und seine mentale Stärke ließen aber zu keinem Zeitpunkt Zweifel aufkommen, dass wir das Martyrium nicht überstehen würden. Es war wohl für uns beide ein prägendes Erlebnis ...

Der Schwerverletzte im Basislager
des „Menschenfressers“

Latok II
Bigwall
im Karakorum

Latok I bis IV. Die gleichnamige Gipfelkette in der Panmah Muztagh-Gruppe (Karakorum) war 1993 das auserkorene Expeditionsziel einer vierköpfigen Truppe aus dem Gesäuse. Andreas Hollinger war dabei und fasst das Unternehmen Latok II zusammen:

Es war an einem kalten Winterabend im Jahr 1992, als Christian Stangl und Wolfgang Göschl zu mir kamen. Damals war es bei den beiden üblich, die Frage nach dem, was am Berg gerade so liefe, geheimnisvoll und kryptisch zu beantworten. Keiner wusste in diesen Jahren so genau, was die bewährte Seilschaft Stangl/Göschl im Schilde führte. Nach anfänglicher Geheimniskrämerei kamen die beiden dann aber doch schnell zur Sache: Im Karakorum gäbe es einen Berg namens Latok II, der erst einmal bestiegen wäre und der eine völlig jungfräuliche Wand mit einem schönen Pfeiler hätte. Legionäre wären gesucht! Nachdem ich nicht gleich mit einem pauschalen „nichts für mich" antwortete, zauberten die beiden ein Bild von der Wand hervor – ein schöner Berg, eine atemberaubende Wand. Was an diesem Unternehmen besonders reizvoll schien, war die Anreise mit einem alten Landrover aus den frühen 60er-Jahren. Die Mannschaft bestand neben dem offiziellen „Expeditionsleader" Christian Stangl aus Wolfgang Göschl, Thomas Strausz und mir. Wolfgang und Thomas kamen mit dem Flugzeug nach. Das Abenteuer der Anreise auf dem Landweg blieb Christian und mir vorbehalten. Die Ausrüstung wog so an die 900 Kilogramm. Die müden Blattfedern des Landrovers hielten gerade bis in den Westen der Türkei. Dann bogen sie sich nach innen durch und verringerten den Federweg auf Null. Bis nach Pakistan sollten neben dieser auch noch einige andere Reparaturen notwendig werden ...

Latok II: Über den markanten Pfeiler links der Bildmitte führte die Route der Steirer

Stangl und Hollinger: Tagelang trieben sie Schabernack im Basislager

Ab Askole, jenem Ort, von dem aus die meisten Expeditionen zu den bekannten 8000ern Broad Peak, K2 und zu den Gasherbrums starten, wurde die Ausrüstung nur noch mit menschlicher Kraft transportiert. Das Ritual des Anheuerns der Träger und der Anmarsch ins Basecamp war sicherlich nicht außergewöhnlich. Wenn man aber noch nie gesehen hat, wie Träger mit schweren Lasten, und ihrem eigenen Gepäck noch dazu, in Gummisandalen über zerrissene Gletscher wandern, ist man am Anfang schon erstaunt und erschrocken. Man ist hier gut beraten, auch als Nichtraucher Zigaretten in der Tasche zu haben. In Pausen kann man sie anbieten und erntet meist ein Lächeln aus einem zahnlosen Mund dafür. Das Basecamp zeigte sich wie aus dem Bilderbuch: Zwei Gletscher vereinigten sich und zwischen deren Seitenmoränen war Platz für ein idyllisches, ebenes Fleckerl. Grünes Gras, ein Bächlein, Rasenpolster mit schönen Hochgebirgsblumen.
Der Zugang zur Wand führte über einen recht gutmütigen Gletscher. Eine Steilstufe musste überwunden werden, bis das Riesencouloir erreicht wurde. Ein Weg, den wir viele Male gingen. Unsere geplante Erstbegehung verlief direkt über den markanten Südwestpfeiler, der sehr guten Fels mit kombinierten, teilweise technisch (VI+ A3) zu kletternden Passagen aufwies. Wir bildeten zumeist Zweierteams – eine Mannschaft zum Klettern und Fixseillegen, die zweite für den Nachschub. In diesem Stil verbrachten wir viele Tage in der Wand. Anfangs hatten wir Schönwetterphasen von zehn Tagen, bis wieder eine ebenso lange schlechte Wetterlage herrschte.

Die Schlechtwetterperioden waren zu lange, um sie in der Wand „abzusitzen". Wir verbrachten diese Zeit daher gemütlich im Basecamp. Für Christian war das immer eine Zeit der Unruhe. Das Nichtstun und Warten auf schönes Wetter machte ihm spätestens am dritten Tag zu schaffen. Wir vertrieben uns die Zeit mit verschiedenen Wettkämpfen: Wer kann nach dem Verzehr von pakistanischem Dal die bemerkenswertesten akustischen Laute herstellen? Dal ist eine Mischung aus verschiedenen getrockneten Erbsen-, Bohnen- und Linsensorten. Man lässt das Ganze in Wasser quellen, bevor man es kocht. Obwohl man nicht direkt von Musik sprechen kann, entstanden wunderbare Soundeffekte.
Mit Wolfgang spielte ich tagelang Karten. Spieleinsatz: Ein halbes Schwein je „Bummerl." Was er damals nicht bedachte ist, dass man halbe Schweine nicht nach Hause treiben kann und so bin ich ihm bis heute einige Schweinehälften schuldig. Das Kartenspiel war nie eine Sache für Christian. Wir waren uns aber darüber einig, dass in den Tagen im Basecamp mit Ausnahme der Wettereinschätzung kein vernünftiges Wort gesprochen wurde. So vergingen etliche Tage, an denen ausschließlich Nonsens über unsere Lippen kam, bis ein kleines Stück blauer Himmel am Nachmittag wieder ein sinnvolles Gespräch über Wetter, Material und Strategie entstehen ließ.
Eine Phase mit stabilem Wetter kündigte sich meist mit einer sternenklaren Nacht an. Da Christian am meisten mit dem Nichtstun zu kämpfen hatte, war es auch seine Aufgabe, in der Nacht nach dem Wetter zu sehen, während wir anderen gemütlich in den Schlafsäcken schlummerten. Die Ausrüstung für einen weiteren Vorstoß hatten wir schon Tage zuvor in die Rucksäcke gepackt. Es fehlte nur noch das Frühstück und der heiße Tee für unterwegs, bevor es losgehen konnte.

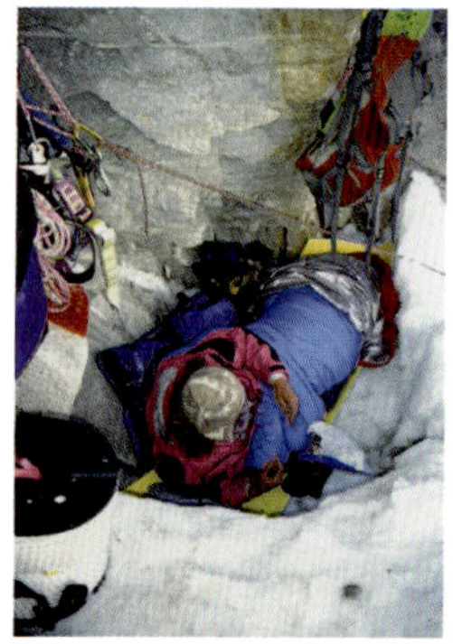

Schwere Kletterpassagen und luftige Biwaks

Zum das Erreichen des Umkehrpunktes in der Wand war ein gesamter Tag notwendig. Der Anmarsch über den Gletscher, das Überwinden der Steilstufe, das Riesencouloir und der lange Weg über die Fixseilkette, alles zusammen Arbeit für mindestens zehn Stunden. Wenn man das Gefühl hatte, dass die Fixseile durch Stein- oder Eisschlag beschädigt sein könnten, musste man auch diesen Aufstieg wie beim Vorstiegsklettern sichern. Nochmals ein großer Zeitaufwand zugunsten mehr Sicherheit.
In der Wand übernachteten wir in sogenannten Portalegdes. Das sind Zelte mit einem festen Rahmen an der Unterseite, die man wie Schwalbennester an senkrechte Wände hängen kann. Unsere Portaledges waren für zwei Personen ausgerichtet und sehr komfortabel, solange sich der „Zeltgenosse“ nicht bewegte. Jedes Nachdrehen veränderte den Schwerpunkt des Gesamten und brachte unter Umständen eine andere Lage. Plötzlich lag man nicht mehr ganz eben, sondern mit dem Kopf leicht nach unten. Korrigierte man die Lage so, dass man selbst zufrieden war, kam das Veto des Zweiten, der ja mit dem Kopf in die andere Richtung lag, dass er nun nach unten liegen würde. Viel Stoff für Diskussionen, bis beide zufrieden waren und einschliefen. Aber die nächste Lageveränderung war ja nur eine Frage der Zeit. Die Morgentoilette war natürlich die Königsdisziplin in dieser wackeligen Behausung.
Rückblickend erinnere ich mich an viele Tage in der Wand und einige heikle Kletterstellen. Christian achtete immer sehr auf Sicherheit, behielt stets einen kühlen Kopf, traf seine Entscheidungen jedoch auch unter Einbeziehung seines Bauchgefühls. Jene, die ihn nur aus Gesprächen im Tal kannten, stellten ihn sich als Kletterpartner ganz anders vor; beim Diskurs über Sinn und Unsinn des Kletterns und Bergsteigens, konnte er glaubhaft den Draufgänger darstellen und wollte von Risiko noch nie

Hollinger und Stangl am Pfeilerfuß

etwas gehört haben. Hier auf dem Berg war er gänzlich anders: ruhig und besonnen, überlegt und lösungsorientiert.
Insgesamt verbrachten wir 68 Tage in der Wand und im Basecamp. Das letzte Drittel unserer Zeit am 7.200 Meter hohen Latok II war von sehr unsicherem Wetter geprägt. Am Ende war an den Gipfel nicht mehr zu denken und wir waren froh, zumindest unsere Ausrüstung wieder aus der Wand herausbekommen zu haben. Als einige Jahre später das Team um Alexander Huber durch die 1000 Meter hohe Gipfelwand rechts unserer Route kletterte und den höchsten Punkt des Latoks II erreichte, konnten wir uns mit ihm freuen.
Der Rückweg in die Zivilisation dauerte einige Monate. Der Abmarsch vom Basecamp war schnell durchgeführt und selbst die Rückfahrt nach Hause über tausende Kilometer Asphalt verlief recht rasch. Die Tage im Basecamp und in der Wand hatten aber ihre Spuren in unseren Denkmustern hinterlassen. Der Ernst des Lebens und des Alltags wollte uns nicht so recht einholen. Das Gehirn weigerte sich lange, auf den Zug unseres Berufslebens aufzuspringen. All die Zwänge, Termine und der Stress konnten uns lange nicht erreichen. Ganz nebenbei gingen wir am Nachhauseweg im Iran noch schnell auf den Demawand. 5600 Meter hoch, aber mit voller Akklimatisierung natürlich ein Kinderspiel. Heute würde auch ich dazu keinen Rucksack mehr mitnehmen. Mit den Voraussetzungen von damals würde ich da hinaufgehen wie ein Skyrunner …

Khan Tengri

Über die Marmor-Rippe des Himmelsherrschers

Der Khan Tengri (mongolisch: „Khan des Himmels" oder „Himmelsherrscher"; abgeleitet von altmongolisch: Khaghan-Tengri; türkisch: Tanri Han), ist ein 7.010 Meter hoher Berg im Tian-Schan-Gebirge in Zentralasien. Er ist der zweithöchste Berg im Tian-Schan und der nördlichst gelegene Siebentausender der Welt. Charakteristisch ist seine pyramidenförmige Gestalt.1856 wurde der Berg vom russischen Geografen und Biologen Pjotr Semjonow identifiziert und von ihm für den höchsten Gipfel des Tian-Schan gehalten. Erst in den letzten Jahren konnte zweifelsfrei nachgewiesen werden, dass der Gipfel die 7.000-Meter-Grenze überschreitet. 2002 bekam der formschöne Berg Besuch aus dem Gesäuse: Christian Stangl wurde dabei von Bernd Stecher, der später auf dem Dachstein verunglückte, und von Jürgen Reinmüller aus Admont begleitet. Jürgen galt als Ausnahmetalent (mit nur 19 Lenzen am Buckel präsentierte er die Erstauflage des Kletterführers „Xeis-Auslese") und als einer der begabtesten Felskletterer der Region. Die Route „Plattenzauber" in der Nordwand des Peternschartenkopfes wurde zum Auftakt einer kongenialen Seilschaft mit vielen gemeinsamen Interessen. Der später für Stangl immer mehr in den Vordergrund rückende Anspruch auf Schnelligkeit prägte das Duo seit den ersten gemeinsamen Klettertagen. An das Unternehmen Khan Tengri erinnert sich Jürgen Reinmüller:

In der Khan Tengri-Südwand

Erster Tag auf dem Khan Tengri

Chri und „Bernschi“ signalisieren der kirgisischen Köchin: Wir sind satt!

Die Lockerheit - verursacht durch den Genuss von Gerstensaft auf der Grabneralm - ließ keine Zweifel offen: Ich war überzeugt, ich musste mit nach Asien! „Khan Tengri“ hieß Chris' Vorschlag. Am nördlichst gelegenen Siebentausender der Erde gäbe es eine beeindruckende Linie über eine Marmorkante - die Marble Rib. Ohne Widerrede begrüßte ich den Plan. Gemeinsam mit unserem Freund Bernd Stecher saßen wir im Juli 2002 im Flugzeug mit Destination Almaty in Kasachstan. Ein prägendes Abenteuer in einer für mich völlig neuen Welt begann. Bereits nach der holprigen Anfahrt und dem Anflug über den etwa 60 Kilometer langen Inylchek Gletscher mit einem alten russischen Hubschrauber (geflogen von einem Automechaniker) erkannte ich dankbar den Wert der Einladung zu dieser Reise mit Erlebnisgarantie.
„Berndschis“ und meine folgenden Tage im Basislager waren geprägt von Ehrfurcht und Staunen. Die Dimensionen dieser Gipfelgestalten mit Wandhöhen von bis zu 3.000 Metern übertrafen unsere Vorstellungen und ließen Zweifel an unseren alpinen Fähigkeiten aufkommen. Bestärkt durch seine bisherigen Erfahrungen und Erfolge, konnten unseren „Teamleader“ diese Fragen nicht erschüttern. Motiviert durch den Tatendrang und die nicht enden wollende Zuversicht von Chri, begannen wir mit unserer Akklimatisation. Chri alleine, Bernd und ich

gemeinsam. Als „Greenhorns“ erkannten wir schnell diverse Planungsfehler. Unser Zelt – „Ausführung Caorle“ – verschwand unter den Schneemassen und die Orientierung auf dem flachen Gletscher im Nebel warf zahlreiche, nicht unwesentliche Fragen auf. Chri wurde hingegen in einem Hochlager über Nacht von starken Schneefällen überrascht. Ein Abstieg war wegen der vielen Lawinen undenkbar. Ohne besondere Ausrüstung verbrachte er drei Tage in seiner „kuscheligen“ Schneehöhle. Nach seiner Rückkehr ins Basislager wurden wir, als besorgte Junghöhenbergsteiger, von seinen Schilderungen überrascht: Laut Chri ein Vorfall der Kategorie „normal“. Wir staunten und wollten uns nicht in derartigen Situationen sehen.
Noch etwas skeptisch startete ich mit Chri am 31. Juli in unsere geplante Route. Bernd versuchte sich alleine auf dem ebenfalls anspruchsvollen Normalweg. Selbst der einfachste Anstieg auf den Berg ist im dritten Schwierigkeitsgrad. Bereits nach wenigen Seillängen im Eis beflügelte mich Chris’ Entschlossenheit. Man spürte die Zielstrebigkeit, den Blick nach vorne, Seillänge für Seillänge. Chri übernahm die Führung. Die Spurarbeit weiter oben im tiefen Schnee forderte, und wir suchten einen ersten Biwakplatz. Der nächste Morgen weckte uns mit Kälte und hartnäckigem Wind. Die erste Felsberührung brachte delikate Felskletterei in teils brüchigem, hakenunfreundlichem Marmorgestein. Der aufziehende Schneefall hätte mich hier zum Umkehren bewogen. Chri war sich jedoch seiner Sache sicher. Eine objektiv sichere Linie an der Kante und seine Zielstrebigkeit ließen keine Diskussion aufkommen. Wir biwakierten ein zweites Mal in einer bescheidenen Felsnische. Der folgende Tag brachte Felskletterei kombiniert mit Eis. In Tallagen wäre die Route wahrscheinlich ein oft besuchter Klassiker.

Stangl/Reinmüller im Lager | Die markante „Marble Rip" im Abendlicht

In einer Höhe von 7.000 Meter schmerzte die Kletterei bis zum vierten Schwierigkeitsgrad in der Kälte. Einige Seillängen forderten mich selbst im Nachstieg. Mich beeindruckte Chris' kompromissloser Kletterstil mit den Steigeisen im Fels. Oft haben wir auf unseren Unternehmungen im Gesäuse darüber gesprochen. „Oanfoch hinsteign, des hobt scho irgendwo …" Oft leichter gesagt als getan, vor allem in dieser Höhe – nahe am persönlichen Leistungslimit.
Unsere Titan-Haken wanderten in den Fels wie in warme Butter. Keine langen Wartezeiten, kein unnötiger Zeitaufwand, an die fragwürdigen Sicherungen denkt inzwischen keiner mehr. Seillänge um Seillänge kratzten wir mit den Steigeisen auf den Marmorplatten höher. In Kantenmitte stießen wir plötzlich auf ein altes Fixseil. Erinnerungen an drei Spanier versuchte ich sofort wieder zu verdrängen. Die tragischen Fakten: 14 Tage bei schlechtem Wetter auf der Rippe, wobei einer auf dem Gipfel starb. Schnell versuchten wir Meter zu machen, um in den flacher werdenden Kantenteil zu gelangen. Über die Marble Wall fegte ein nicht besonders angenehmer Wind, der bestimmt eine beeindruckende, von Weitem sichtbare Fahne über die Kante hinwegblies. Am laufenden Seil gelangten wir zum letzten Teil der Route. Einem noch einmal steil werdenden Wulst aus Fels und Eis, der zum Gipfel führte. Ungewiss über die Linie fanden wir einen Eisschlauch, der direkt zum Gipfel führte. Ein Blick zurück Richtung Pik Pobeda ließ noch einmal Freude aufkommen. Spannende Wolkentürme und aufziehender Nebel vermiesten uns eine ausgedehnte Gipfelrast. Gerne hätte ich die von hier aus sichtbare Wüste Taklamakan gesehen. Leider sahen wir nur etwa zehn Meter.
Es war bereits 17.00 Uhr! Frische Spuren wiesen uns den Weg vom Gipfel ins richtige Eiscouloir auf dem Normalweg. Es konnte uns nicht

Blick vom Lager zum Himmelsherrscher

schnell genug gehen, die Zeit drängte, immerhin hatten wir noch 1.300 Höhenmeter im Abstieg vor uns. 150 Meter unter dem Gipfel traute ich meinen Augen nicht: Vier Bergsteiger befanden sich im Aufstieg, auffällig langsam und schwerfällig setzten sie einen Schritt vor den anderen. Ohne Worte gaben wir noch einmal Gas, um vor Sonnenuntergang den Westsattel zu erreichen. Dutzende Fixseile säumten den Weg und sorgten für ein trügerisches Sicherheitsgefühl. Im Schein der Stirnlampen wakelten wir unserer letzten Biwaknacht entgegen. Plötzlich erschienen die Lichter dreier Stirnlampen. Lichter, die uns den Weg zum Lager wiesen. Gegen Mitternacht erreichten wir Chris' kuschelige Höhle und Bernd, der uns mit Tee empfing. An Schlaf war nicht zu denken. Die Dehydration war zu groß und die Erfrierungen an meinen Zehen machten mir Sorgen. Nachdenklich stimmten uns die Lichtsignale und Hilferufe aus dem Mittelteil des Normalweges. Da wurde mir bewusst, dass Schnelligkeit der einzige Schlüssel zu mehr Sicherheit in großen Höhen ist.

Objektive Gefahren gibt es im Hochgebirge immer. Was die Einschätzung verschiedener sicherheitsrelevanter Parameter auf Tour angeht, so bin ich bis heute froh, mit Chri in derartigen Situationen gewesen zu sein. Bei diesen Unternehmungen bewährte sich die harte Lehrzeit, die auch Christian in den heimischen Bergen durchklettert ist. Mit der Ruhe und Besonnenheit bei seinen Entscheidungen in kritischen Situationen, spiegelt sich diese Schule wider.

Phase II

Nach guten Erfahrungen in der Höhe wuchs auch der Wunsch, einmal einen etwas höheren Berg zu besteigen. Da ich aber aus dem Lager der Kletterer kam, war auch klar, dass mich eine Besteigung eines Achttausenders über einen „Normalweg" nicht interessierte.
Die Wahl fiel auf die Südwand des Shisha Pangma, dessen Gipfel ich im superleichten Alpinstil über die sogenannte Britenroute erreichte.
Die folgenden zwei Sommer werkelte ich vergebens an einer neuen direkten Linie in der Südwestwand des Gasherbrum I. Ohne Erfolg. 2001 wandte ich mich wieder nach Tibet und kletterte wiederum im Alpinstil eine neue Route über die „Junge Face" am Cho Oyu. Den Gipfel des 8.201 Meter hohen Berges erreichte ich sehr locker und in einem zügigen Tempo.
Hier wurde der Grundstein für meine zukünftige Art des Bergsteigens gelegt.

CS

Alleingang in der Todeszone

Solo durch die 8000er-Wände

Neutouren an den großen Wänden des Himalayas wurden und werden von unzähligen Mythen und Dramen begleitet, jeder einzelne Schritt zu den Gipfeln der höchsten Berge ist penibel dokumentiert, die Literatur vom Kampf in der Todeszone füllt ganze Bibliotheken. In sauerstoffarmer Luft schraubte die Eroberungschronologie das Menschenmögliche spiralförmig hinauf bis zur ersten, vollständigen 8000er-Sammlung durch Reinhold Messner, womit die Entwicklung des Höhenbergsteigens einen vorläufigen Plafond erreicht hatte. Alles, was danach kam, war die Reproduktion alpiner Höchstleistungen, die Spuren der Ersten wurden zu breiten Pfaden ausgetreten, Gipfelgänge zu den Bergriesen im Himalaya und Karakorum mutierten zum Konsumgut, zu käuflich erwerbbaren Laufstegen.

In den späten 1990er-Jahren war für den alpinen Protagonisten aus dem Gesäuse der Blick auf die großen Wandfluchten der 8000er die logische Folge einer konsequenten Entwicklung, wobei die Frage von „herkömmlichen Besteigungen“ aus Individualitätsgründen keine reizvolle Herausforderung darstellte. So betrachtete er den Gipfelmarsch „nur um des Gipfels Willen“ als Sekundärziel – entscheidend waren zunächst Stil- und Routenfragen: Sind die enormen Wandhöhen per Alleingang im Alpinstil möglich, und lassen sich ebendort auch neue Wege abseits der „Touristenpfade“ erschließen? Ein erster Feldversuch durch die Südwand des Shisha Pangma bewies zunächst das unikate Stilelement, wobei hier die Dramaturgie nicht spannender hätte sein können. In den Jahren 1999 und 2000 ging es darum, die Erfahrung des Scheiterns am Gasherbrum I zu zelebrieren; erneut ein Jahr später wurde die Routenfrage mit der „Odyssee Nord“ am Cho Oyu auf beeindruckende Weise beantwortet. Fazit des Experimentes: Eine Steigerung im Höhenbergsteigen ist möglich, der Körper reagiert in extremer Höhe ausgesprochen wohlwollend und macht zudem auch noch Tempo. Ein weiteres Element, das in der Folge stilprägend sein wird.

Die „Junge Face" an der Nordseite des Cho Oyu

Konventionelles Höhenbergsteigen mit Lagerketten auf den Normalrouten. Lager 1 am Cho Oyu

Shisha Pangma

Limit an der Magic Line

Für den ersten Soloversuch an einem Achttausender schien der Shisha Pangma aus mehreren Gründen prädestiniert. Zunächst inspirierte eine Südwandansicht im Buch „Magic Lines“: Eine faszinierende Wand, 2.400 homogene Höhenmeter, von logischen, geradezu magischen Linien durchzogen, kaum Séracs, keine vorgelagerten Gletscher, objektiv relativ sicher und somit optimal für ein schnelles Solo. Doch schon im Basecamp kam es zum ersten Härtetest: Täglicher Schneefall zwang den Ungeduldigen wochenlang zum Nichtstun, nicht einmal vernünftige Akklimatisationstouren waren möglich, nur einmal wurde eine Höhe von 6.300 Metern erreicht. Im Zuge einer Erkundungstour auf einen Nachbargipfel musste dann auch der ursprüngliche Routenplan verworfen werden – ein „hochschwangerer Sérac“ in der geplanten Schweizer-Polnischen Führe führte zur spontanen Erkenntnis: Diese Route nicht! Als passable Alternative wurde die weiter rechts befindliche Britenroute auserkoren.

7. Oktober 1998: Ich stehe am Fuß der Südwand. 2.400 Meter ragt die Wand vor mir in die Höhe und laut Erstbegeher sind Passagen bis 70 Grad im Eis und Schottisch IV im Fels zu überwinden. Im acht Kilogramm schweren Rucksack: Vier Titanhaken, vier Eisschrauben, eine 50 Meter lange „Rettungsschnur“ sollten für den mittleren, kombinierten Teil genügen. Dazu konzentrierte Kohlenhydrate in Gel-Form, Elektrolytpulver, Speck und Schwarzbrot für drei Tage. In vier Tagen, so denke ich, will ich die Runde in der Tasche haben. Ein fataler Trugschluss mit ebenso fatalen Folgen …

Die baskische Mannschaft im Zentralcouloir der Südwand

Drei Basken, allesamt routiniert im Himalayabergsteigen, stiegen ebenfalls um Mitternacht in die Route ein – eine Entscheidung, die auf den steirischen Solisten beruhigend wirkte. Im Schein der Stirnlampe geriet der Aufstieg zunehmend ins Stocken, ungünstige Eiskonsistenz zwang zu größter Vorsicht, dennoch wurde nach 17-stündiger Eiskletterei eine Höhe von 6.800 Metern erreicht und in einer Randkluft ein „kuscheliges Biwakplätzchen" bezogen. Das Tagespensum von „nur" 1200 Höhenmetern bereitete Sorge, das Erreichen des Gipfels am darauf folgenden Tag schien fraglich, immerhin lag der technisch schwierige Teil noch bevor.

Tag zwei beginnt wieder sehr früh. Das Gelände ist sehr steil und erzwingt stilreine Ankertechnik. Wegen der Dunkelheit bekomme ich zu Beginn des kombinierten Geländes erhebliche Orientierungsschwierigkeiten. Zu meiner eigenen Verwunderung musste ich bei Tagesanbruch feststellen, dass mich ein 100 Meter langer, fallender Quergang vom großen Couloir in der Gipfelwand trennt. Offensichtlich war ich von der Route abgekommen. Unangenehmes Gelände begegnete mir am Quergang, die Frontalzacken der Steigeisen scharrten unter der trügerischen Schneedecke am Fels und nach ein paar spannenden Minuten erreichte ich das untere Ende des 900 Meter hohen Couloirs, das zum Ostgrat führt. In den frühen Stunden des folgenden Tages erreichte ich die markante Verjüngung des Couloirs, ein 10 Meter breiter Durchschlupf, beidseitig von kompakten Felswänden begrenzt. Ein beeindruckendes Szenario, das unweigerlich an das Höllentor von Dante erinnert, wo es heißt: „Wer durch diese Pforte schreitet, lasse alle Hoffnung fahren."

Shisha Pangma Südwand: Links die Britenroute, rechts die Slowenenroute als Abstiegslinie; die Punkte markieren die jeweiligen Biwaks.

Auf 7.900 Metern erreichte Stangl zunächst den Ostgrat und machte sich beherzt an die letzten 150 Höhenmeter zum Gipfel; fast mühelos wühlte er sich durch knietiefen Schnee dem höchsten Punkt entgegen, kein Kopfschmerz, kein Höhenhusten und nichts, was ihn noch stoppen könnte. Es ist der 10. Oktober, exakt 12.30 Uhr, die erste Solobegehung der Britenroute war vollbracht. Ohne besondere Emotionen wurde das Gipfelpanorama genossen: Nuptse, Lhotse, Everest ... und ein paar andere Sieben- und Achttausender bot die herrliche Rundsicht. Nach kurzer Verweildauer Aufbruch zum Abstieg bis auf 7.900 Meter, wo am Morgen des vierten Tages „planmäßig die Vorräte zu Ende gingen“. Ein letzter Schluck Wasser und dann hurtig runter, so die Idee, immerhin war der Tourenzeitplan schon gehörig überschritten worden und die folgenden Passagen erwiesen sich ebenfalls als außerplanmäßig zeitraubend. So wurde der angepeilte Sattel zwischen Shisha Pangma und Pungpa Ri nur nach äußerst risikoreichen Querungen in den Nordostflanken des Berges erreicht. Unerwartet steil dann auch die Wand unterhalb des Sattels; der Plan, am selben Tag den Wandfuß zu erreichen, war hinfällig, da der Großteil der Strecke mühsam auf den Frontalzacken abgeklettert werden musste.

Blick zum Vorgipfel des Shisha Pangma

Erstes, nicht kalkuliertes Biwak in der Wand, der physische und psychische Zustand wurde nennenswert bedenklich, die Nacht eisig kalt. Tag fünf: 24 Stunden ohne Essen und Trinken zeigten Wirkung, nur widerwillig stieg er weiter ab. Von Durst, Hunger und dem „einzig akzeptierten Gedanken" - runter! - angetrieben, rutschte er streckenweise am Hosenboden talwärts, machte zwar Tempo, doch als die Sonne hinter der Flanke verschwand wurde klar: Der Wandfuß blieb auch an diesen Tag unerreicht, ein fünftes Biwak war das Gebot der Stunde. Im Minizelt verbrachte er eine weitere Nacht mit Tiefsttemperaturen, Finger und Zehen waren bereits angefroren, Stangls Oberschenkel schrumpften zu einem Stangl (steirisch für „dünner Stock), er hatte konditionell und mental das Limit erreicht. Wachträume erlaubten keine Unterscheidung mehr zwischen Realität und Illusion: *ich schwitzte und roch den Kalkgeruch des heißen Schotters im Haindlkar, erreichte endlich die Hütte ... sah deutlich die Waben der schwarzen Gummimatten auf der Terrasse ... der Schausberger Hans wankte aus der Hütte mit einem Glas in der Hand, das beschlagen war vom kühlen Nass des Radlers, oben formte der Schaum eine Haube, außen prickelten die Perlen ... plötzlich schreckte ich auf: Alles nur geträumt!*

Gipfelpose und Gipfelpanorama auf dem Shisha Pangma

Das Morgengrauen des sechsten Tages – des dritten ohne Flüssigkeit – begann widerlich. Während Stangl sein Zeug zusammenpackte, erfasste eine heftige Windböe das Zelt: *das Klumpert brauch ich eh nimmer, dachte ich, es war mir völlig wurscht, phlegmatisch erfreute ich mich am Anblick des flatternden grünen Punktes, der irgendwo hoch oben in der riesigen Wand verschwand.* In Trance ging es weiter; Stangl bewegte sich nur noch in Zeitlupe talwärts, längst am „letzten Zacken." Zwischendurch saugte er gierig tauendes Eis von den Felsen, irgendwann neigte sich die Wand langsam zurück, bis ihn am Wandfuß die Nacht erneut einholte. Tags darauf erwies sich der an sich kurze Weg zur Basis als finaler Härtetest: Über die Moränen unzählige Male stolpernd, mit kurzen, aber endlos scheinenden Gegenanstiegen, mittlerweile schon auf allen Vieren kriechend, hörte er dann laute Pfiffe! Wieder eine Halluzination? Nein. Yakhirten! Das Basecamp war erreicht, die Tortur vorbei, das Experiment überlebt.
Unterm Strich vermerkt der Protagonist: *Ich hab am Shisha Pangma hoch gepokert, mit dem Leben gezockt und hätte es beinah verloren. Ich weiß nun, wo die Grenzen meiner körperlichen und geistigen Leistungsfähigkeit liegen. Ich habe aber auch erkannt, dass ich technisch wie mental fähig bin, alleine durch schwierigste Wände auf die Gipfel der 8.000er klettern zu können. Und ich weiß nun auch, dass ich in diesen Höhen drei Tage ohne zu trinken überleben kann!*

Neue Wege

Ich will nicht kopieren.

Deswegen interessiert mich die Besteigung der Achttausender im klassischen Stil nicht.

In der Wiederholung dessen, was andere schon erreicht haben, sehe ich weder eine Entwicklung, noch einen persönlichen Anreiz.

CS

Scheiternː Déjà-vu auf dem Gasherbrum I

Hidden Peak, Versteckter Berg, K5, Gasherbrum 1 ... Den 8.069 Meter hohen Karakorum-Gipfel im Grenzgebiet zwischen Tibet und Pakistan nennt Christian Stangl schlicht den „Einser." Nachdem die in Pakistan „üblichen bürokratischen Schwierigkeiten" überwunden waren, erreichte Christian Mitte Juni 1999 das Basislager mit dem Ziel, in der noch jungfräulichen Südwestwand neue Wege zu beschreiten. Bereits im Jahr 1983 versuchten die beiden Polen Jerzy Kukuczka und Wojciech Kurtyka eine Besteigung der 2.600 Meter hohen Wand, scheiterten jedoch im Gipfelbereich und mussten auf 7.300 Meter in die Normalroute an der Südseite ausqueren. Dennoch glaubte Stangl an die Finalisierung der „polnischen Idee" und fühlte sich körperlich wie geistig fit genug, um die Wand „in weniger als 100 Stunden zu durchlaufen."
Zum Zweck der Akklimatisation stieg er zunächst über die 1977 eröffnete „Jugoslawenroute" am Westgrat bis in eine Höhe von 6.800 Metern auf, nächtigte zwei Mal und nutzte den Testmarsch für weiteres, intensives Routenstudium. Dem Projekt stand nur noch ein Problem im Weg: Die eklatant schlechte Wettersituation. Im Unterschied zum Himalaya herrscht im Karakorum kontinentales Klima, weshalb auf längerfristige Prognosen kein Verlass ist. Die Verhältnisse können sich unglaublich rasch ändern.
Trotz des unstabilen Wetters steige ich wieder zum Wandfuß auf. Im extremen Alpinismus gibt es scheinbar einige Motivationsgründe, die mehr Gewicht haben als alle anderen der Kategorie „Vernunft" zusammen: Erfolg, Leistungswille und Ehrgeiz. Es ist 18.00 Uhr und ich blicke ein letztes Mal

Keine guten Bedingungen auf dem Gasherbrum 1 (Hidden Peak)

prüfend zum Himmel. Ich habe verloren, es ist das Ende eines Traumes. Es ist mir unmöglich, trotz aller Motivation gegen meinen Instinkt zu handeln, ich kann in diese Wand nicht einsteigen. Gegen Mitternacht beginnt es erneut zu schneien ... Acht Tage später verzeichnet Stangl im Protokoll: *Heute ist Felix Inurrategi gestorben. Ich kann es kaum glauben, Seilriss auf der Standardroute am benachbarten Gasherbrum II. Diese Nachricht hat meine Sicht der Dinge relativiert. Eigentlich hatte ich mit meinem Gasherbrum I-Projekt nicht wirklich Pech, sondern nur sehr, sehr wenig Glück. Pech hatte nur einer: Felix!*

Ein Jahr später wurde das Gasherbrum-Projekt erneut in Angriff genommen; zum Kampf mit den immer wiederkehrenden Wetterkapriolen gesellten sich erhebliche mentale Schwierigkeiten. Die Verhältnisse in der Wand – technisch schwieriges Gelände gepaart mit unkontrollierbaren objektiven Gefahren – brachten den Sologänger an den Rand der psychischen Belastbarkeit, an die Mutgrenze. Aber auch die Ereignisse auf dem Ogre und auf dem Shisha Pangma führten zur empirischen Erkenntnis: *Das wird nix! Ich habe genug Jenseitsluft geschnuppert, für solche Waghalsigkeiten fehlt mir einfach der Mumm!*

„Misserfolge" gehörten fortan in den Strategieplan und wurden zum integrativen Teil taktischer Überlegungen: Scheitern bedeutet nicht Verzweiflung, sondern Neuorientierung. Und das „Scheitern an der eigenen Idee" blieb Stangl auch später nicht verwehrt, zuletzt im Jahr 2008 auf dem K2, wo nach elf Toten ein weiteres Déjà-vu folgte: Das wird nix! Neuorientierung – neuer Versuch ...

Cho Oyu: Odyssee Nord in der „Junge Face“

Neue Routen auf die höchsten Berge der Welt zu verwirklichen ist kein leichtes Unterfangen, ein Blick in die einschlägige Literatur zeigt, wie dicht speziell auf den Achttausendern das Routennetz gesponnen ist. Neuland findet sich daher nur in der Bereitschaft, technisch schwieriger zu klettern oder höhere Risiken einzugehen. Oder beides. Die in den Vorjahren gescheiteren Versuche auf dem Gasherbrum raubten Stangl zwar den „jugendlichen Leichtsinn“, nicht aber die ungebrochene Motivation, mit marginalem Aufwand neue Wege im Höhenbergsteigen zu beschreiten. Aus diesem Grund betrat er 2001 erneut tibetanischen Boden, diesmal richtete er sein Augenmerk auf die Nordseite des 8.201 Meter hohen Cho Oyu, dem westlichen Eckpfeiler des Khumbu Himal. Wie schon des Öfteren musste auch in diesem Jahr der ursprüngliche Plan, eine Neuroute in der Nordostwand, vor Ort verworfen werden; die allgemeine Klimaerwärmung und der schneearme Monsun der letzten Saison vereitelten eine „sichere Besteigung“. Schnell war Ersatz gefunden: Zum einen – quasi als Vorspeise – die Südwand des 7.012 Meter hohen Palung Ri, die von der Steilheit her etwa der Pallavicini Rinne des Großglockners entspricht. Zum anderen sollte die mächtige Wand der „Junge Face,“ ein formschöner Vorgipfel des Cho Oyu, als Hauptspeise degustiert werden.
Gleich in der ersten Stunde des 16. September startete ich in die Palung Ri-Südwand. Zwar verlief der Anstieg problemlos, dennoch war ich ungewohnt langsam und wohl noch nicht ausreichend akklimatisiert. Außerdem führte ich volles Gepäck für eine geplante Nacht auf dem Gipfel mit.

Die Göttin des Türkis im Abendlicht | unten: Die Südwand des Palung Ri

Im oberen Teil der Wand schwenkte ich wegen der unsicheren Schneelage nach rechts und richtete mir ein Nachtlager bei einem kleinen, schützenden Felsen ein. Frühmorgens stieg ich zum höchsten Punkt auf - eine winzige Plattform in der Größe eine Barhockers - welch ein Gipfel! Zwei Monate danach erfuhr Stangl, dass seine Route eine Erstbegehung gewesen war. Drei Tage später folgte der Auftakt zum Cho Oyu-Projekt mit der üblichen Prozedur im Kampf ums Rucksackgewicht: Schlafsack, Isoliermatte, Minikocher, Leichtzelt, Proviant für zwei Tage, summa summarum: acht Kilogramm. Geplant waren drei harte Nächte - die Nächte zum Klettern,

Odyssee Nord: Route in der „Junge Face", Traverse, rechts der Gipfel des Cho Oyu

die Tage zum Relaxen. Abgang am 21. September um 19.00 Uhr, es ging zackig dahin, bis um fünf Uhr morgens eine Höhe von 7.400 Metern erreicht wurde. Ab diesem Punkt wurde das Gelände sehr steil und unvorteilhaft, Angst machte sich breit, auf den glatten Granitplatten lag dünner Schnee, der ein „flottes Darüber-hinweg-Schummeln" nicht erlaubte: *Ich glaubte die Grenzen meines Könnens zumindest annähernd zu kennen, aber an dieser Stelle hatte ich echte Zweifel …*
Ich versuchte, 200 Meter tiefer in leichteres Gelände zu queren. Ohne Erfolg. Der Schneedeckenaufbau war hier ein Garant für rasches, unkompliziertes Ableben. Nochmals opferte ich wertvolle 200 Höhenmeter und beschloss, einen waghalsigen Quergang unter einem gigantischen Hängegletscher zu wagen. Adrenalin hieß der Stoff, der mir in dieser Situation schnelle Beine machte … Nach dieser gewaltigen Traverse erreichte er einen relativ sicheren Platz, schlug sein Biwak auf und „verpennte" ebendort den nächsten Aufbruchtermin. Die 17-stündige Non-Stop-Kletterei ermüdete offensichtlich doch ein wenig. Den Folgetag beschreibt Stangl als „unereignisvoll." Er erreichte die Standardroute und folgte dieser bis auf 7.500 Meter, wo gegen Mittag mit den ersten Wolken auch erste Zweifel aufzogen, der Gipfel würde wohl an diesem Tag nicht mehr zu erreichen sein. Etwas höher begegnete er dann einem Italiener namens Marco Chiantore: *Ich folgte seiner Einladung und verweilte einige Stunden in seinem Zelt bis zum Aufbruch um 1 Uhr morgens. Bereits sechs Stunden später waren 8.201 Meter und damit „Die Göttin des Türkis" erreicht. Marco war heilfroh, mit mir – vor allem aber wegen meiner Kamera – am*

Endpunkt der Odyssee: Auf dem Gipfel des Cho Oyu

Gipfel zu stehen, denn sein Gerät hatte wegen der Kälte den Dienst verweigert. Richtige Gipfelfreuden wollten bei den niedrigen Temperaturen auch nicht aufkommen, Stangl stieg rasch wieder ab, erreichte das Basecamp nach einem weiteren ungewollten Biwak aber erst – erneut von Hunger und Durst angetrieben – gegen Mittag des nächsten Tages. Dort wurde wie üblich Ziegenfleisch mit Reis kredenzt – zum Missfallen des braven Koches nannte Stangl die Speise stets „Rubber Goat with Chinese Gravel“ – auf gut steirisch: Gummigoaß mit Chinesenschotter!
Mit dieser Unterlage leitete ich unverzüglich die Feierlichkeiten ein, doch schon nach drei Fläschchen des leckeren „Lhasa Bieres“ – das Gebinde zu 675 Kubikzentimeter wohlgemerkt – hatte ich gefühlsmäßig so etwas wie einen Jahrhundertrausch. Irgendwie gelangte ich in das Mannschaftszelt der Italiener, wo ich lautstark lallend erklärte, wie wichtig es sei, nach solchen Touren die Katharsis zu erlangen, also die seelische Reinigung nach intensiven, traumatischen Erlebnissen. Sonst, so fuhr ich weiter, hätte ich wohl schon vor Jahren meine alpine Laufbahn beendet.
Wenngleich nicht ganz planmäßig, wurde mit der dem Wortsinn entsprechend titulierten „Odyssee Nord-Linie“ ein neues Kapitel in der Alpinhistorie aufgeschlagen: eine neue Route im Alleingang auf einen Achttausender im Alpinstil. Der auch Qowowuyag genannte Berg wird in der Sammlung des Steirers nicht der letzte Achttausender bleiben, doch werden die nächsten „Anläufe,“ darunter erneut der Cho Oyu, unter den Auspizien der Zeit noch ganz andere Dimensionen erreichen. Bis dahin pflegt der Einzelgänger weiterhin seine persönliche Katharsis …

Yaks im Basecamp auf der Südseite des Shisha Pangma

Der Protagonist

Die „Freude an der Auseinandersetzung mit dem Unmöglichen“ unterscheidet den Protagonisten vom Nachahmer.
Nur Protagonisten können die Entwicklung vorantreiben, sie müssen im gleichen Maße aber mit den Konsequenzen eines Misserfolges rechnen.

CS

Der Kopf macht den Weg frei

Experimenteller Alpinismus

Talentfindung in den Anden

Die 1990er-Jahre bezeichnet Stangl als „Zeit der Talentfindung", wobei sich eine besondere Affinität zu den Anden feststellen lässt; schon 1990 brach er für eine halbes Jahr nach Südamerika auf, bereiste Argentinien, Chile, Bolivien und Peru, bestieg dort „diverse Fünf- und Sechstausender, unter anderem auch ein erstes Mal den 6.956 Meter hohen Aconcagua. 1995 kam es in der peruanischen Cordillera Blanca zu einer stilprägenden Erfahrung: Christian plante auf den 6.768 Meter hohen Nevado Huascarán eine Skibesteigung, wobei eine herkömmliche Besteigung mit viel Gewicht - und das wiederum mit einer wenig genussreichen Abfahrt - verbunden gewesen wäre. So kam es zur Idee, auf übliche Zwischenlager zu verzichten und das Projekt als erweitere Skitour zu betrachten. 18 Stunden nach dem Aufbruch vom Basislager stand der Steirer auf dem höchsten Gipfel von Peru. Nachträglich sieht er in diesem Unternehmen seine erste „unbeabsichtigte" Schnellbegehung.

1996 folgte schon ein etwas eigenartiger Rekord: Fünf Tage nachdem Stangl seine Haustür ins Schloss fallen lassen hatte, stand er bereits in 6.543 Meter Höhe, auf dem Sajama, dem höchsten Gipfel Boliviens. Die Stationen im Einzelnen: 1. Tag: Admont, 2. Tag: La Paz, 3. Tag: Basislager, 4. Tag: Zwischenlager, 5. Tag: Gipfel. Aus „reiner Kletterfreude" folgten dann noch zusammen mit Ingrid Reiweger Granitklettereien an 5.000ern in der Quimsa Cruz Gruppe (Bolivien). Die Reise führte weiter in die Atacama-Wüste, wo auch eine Besteigung des 6.893 Meter hohen Ojos del Salado, gemeinhin auch als höchster Vulkan der Erde bekannt, am Programm stand.

Alpamayo Chico, 1990 | Nevado Pisco, 1995 | Skibefahrung Huascarán, 1995

Stilfrage

Zunehmend kristallisierten sich in der „Phase des experimentellen Alpinismus" zwei wesentliche Talente heraus: zum einen seine außergewöhnliche Fähigkeit, in großen Höhen verhältnismäßig problemlos voranzukommen, zum andern aber auch, dass er extrem schnell sein konnte. In den Folgejahren kam es daher immer wieder zu Versuchen, diese Fähigkeiten zu kombinieren und zu perfektionieren. Die Tourenchronik des Allrounders gestaltete sich in diesem Stadium entsprechend vielseitig und bestand sowohl aus ersten „Begehungen auf Zeit" wie auch aus Anmärschen in Höhen über achttausend Meter. Zudem entwickelte sich die „Stilfrage" zum alpinästhetischen Dogma:
Anfang der 80er-Jahre war das Klettern im Fels unter Zuhilfenahme von Hilfsmittel wie Haken oder Trittleiten nichts Ungewöhnliches. Auch ich lernte das alpine Felsklettern so. Allerdings gab es da und dort schon einige, die eben nur in den Klettergärten herumhingen und unter selbst auferlegten Regeln (Rotpunkt) die Wände hinaufturnten. Ehrlich gesagt ergab ihr Tun auch für mich damals wenig Sinn. Aber später, als diese Rotpunkt-Kletterer übergingen, auch alpine Touren ohne Hilfsmittel, also „Rotpunkt" zu durchsteigen, wechselte auch ich rasch das Lager. Mir wurde klar, dass eine Steigerung im sportlichen Sinne allein schon durch

eine Änderung des „Besteigungsstils“ möglich war. Den Ausstieg einer Route zu erreichen, konnten viele, die Frage aber war „in welchem Stil?“ Die Gipfel der höchsten Berge zu besteigen, scheint heute nicht mehr die große Herausforderung, die Frage nach dem Stil bleibt aber auch hier nach wie vor aufrecht.

Superalpinstil

Die Frage nach „Art und Weise“ einer Besteigung beantwortete Christian Stangl mit dem schlichten, aber in diesem Zusammenhag bedeutungsvollen Begriff der Reduktion: das Weglassen sämtlicher Hilfsmittel, der Verzicht auf Unterstützung und die Marginalisierung des Zeitfaktors führten zu einer neuartigen Form des Bergsteigens, für die es im bis dahin gängigen Lexikon des Alpinismus keine Definition gab. Die Entwicklung dieses Stils war die logische Folge eines Prozesses: Die Erfahrungen am Shisha Pangma, Gasherbrum I und Cho Oyu zeigten, dass Alleingänge - auch auf neuen Routen - ohne den enormen Aufwand des klassischen Expeditionsbergsteigens, also im Alpinstil, möglich sind. Diese Erkenntnis war zwar nicht neu, doch verbunden mit seinen frühen Schnellbegehungen, z. B. am Huascarán und am Sajama, wurde die neue Begriffsbestimmung des „Superalpinstils“ kreiert.

Skyrun

Spätestens seit seiner ersten „wirklich beabsichtigten“ Schnellbegehung auf den Aconcagua im Jahre 2002, nahm der Faktor Zeit eine bestimmende Rolle ein. Nach Ansicht Stangls ist eine Steigerung im „herkömmlichen Höhenbergsteigen“ in zwei Bereichen möglich: in der Routenfrage, die mit technisch schwierigen Anstiegen verbunden ist, und eben in der Zeitfrage. In einem Interview mit der Frankfurter Allgemeinen Zeitung beschreibt er die von ihm gepflegte Manier so: *Um den Alpinismus weiterzuentwickeln, gibt es eben nur die Schwierigkeit, den Stil und die Geschwindigkeit. Meine Sache ist der Stil und die Geschwindigkeit ... Die Energie, die andere für das Errichten von Lagern einsetzen, stecke ich in den Aufstieg ...* Und auf die Frage, was eigentlich ein richtiger „Skyrun“ ist, antwortet er: *Beim Skyrunning fällt einfach alles an Hilfsmitteln weg. Es gibt keinen künstlichen Sauerstoff, keine Proviantlager, keine Zelte. Es gibt nur ein Basislager und den Gipfel, sonst nichts. Und diese Distanz legt man so schnell wie möglich zurück. Es muss sich aber um einen hohen Berg handeln - mindestens 4.000 Meter -, sonst wäre es ja ein gewöhnlicher Berglauf.*

Unumstritten haben Peter Habeler und Reinhold Messner gleich zwei Initialzündungen bezüglich Stilrichtungen an den hohen Bergen gemacht. Zum einen war es der Alpinstil und die Nichtverwendung von künstlichem Sauerstoff. Prinzipiell ist „Skyrunning“ eine Verfeinerung dieser Stilrichtungen. Zum andern wird das Errichten von Lagerketten mit diesem Stil komplett hinfällig (auch im Alpinstil entfällt das Errichten von Biwaks). „Superalpinstil“ wäre hier als deutsche Version von Skyrunning sehr gut geeignet – es ist schließlich auch die logische Weiterentwicklung vom Alpinstil. Allerdings müsste dann das Verständnis von „Alpinstil“ vorausgesetzt werden, was ich aber angesichts der verschiedenen Auslegungsformen – selbst unter aktiven Alpinisten – bezweifle. Im englischsprachigen Raum gilt „Skyrunning“ als Kunstwort und wird im Sinne eines schnellen Bezwingers von hohen Bergen auch gar nicht verstanden. Skyrunner sind dort „Speedclimber.“ Übersetzt man „Speedclimber“ jedoch zurück ins Deutsche wird daraus der Schnellkletterer. An dieser Stelle sind Verwechslungen mit Schnellkletterern à la Huberbuam oder Ueli Steck programmiert. Die sprachliche Unschärfe scheint hier im Englischen zu liegen. Höhenbergsteiger werden dort auch generell als „Climber,“ also Kletterer bezeichnet, obwohl in den meisten Fällen ja gar nicht geklettert, sondern eigentlich nur gegangen wird.

CS

Superlativ

Ob man es wahr haben möchte oder nicht: Geschwindigkeit bestimmt unser tägliches Leben. Im Sport erzeugt Geschwindigkeit die notwendige Spannung, nach ihren Maßstäben wird der Schnellste im Wettkampf ermittelt.
In den Medien werde ich sehr oft als „schnellster Bergsteiger" tituliert. Journalistisch mag das eine zwingende Notwendigkeit sein, ich halte solche Bezeichnungen einfach für unpräzise und unfair. Der Superlativ „schnellster" lässt keine Steigerung zu, es könnte also außer mir gar keinen „schnellsten Bergsteiger" mehr geben und das ist einfach nicht richtig. Ich denke hier beispielsweise an die fabelhaften Leistungen des Schweizers Ueli Steck, der gerade mal in gut 2 1/2 Stunden durch die Eiger Nordwand kletterte.
Die Bezeichnung „schnellster Bergsteiger" scheitert darüberhinaus noch zusätzlich an der Definition des Begriffs „Bergsteiger". Es gibt heute so viele Untergruppierungen derer, die auf Berge steigen, dass dieser Allgemeinbegriff „Bergsteiger" eigentlich in naher Zukunft überfällig wird.
Noch schlimmer wird es bei der Bezeichnung „der/die beste Bergsteiger/in."
Wonach wird hier eigentlich bewertet?
Oder halten Sie etwa die Bezeichnung „Michael Schumacher – bester Autofahrer" für angebracht?

CS

Himmelwärts – aber rasch!

Unglaubliche Aufstiege 2002–2009

Im Jahr 2002 stellte Christian Stangl die Weichen neu. Vor allem galt es, das enge Korsett geregelter Erwerbstätigkeit hinter sich zu lassen, um sich voll und ganz auf künftige Projekte konzentrieren zu können. Immerhin verlangten seine Unternehmungen umfassende Trainingseinheiten – acht bis zwölf Stunden täglich – intensiver wurden zudem aber auch die Planungen und Vorbereitungen, ebenso die mediale Nachbereitung, vermehrte Vortragsreisen, Sponsorenbetreuung ...

Die sportlichen Ziele liefen in den folgenden Jahren fließend ineinander: Da gab es Einzelprojekte im Achttausender-Bereich, Skyruns in Serie sowie das „Seven Summits Speed-Projekt", das sich über mehrere Jahre hinweg erstreckte. Entsprechend komplex gestaltete sich eine thematisch wie zeitliche Ordnung der folgenden Abschnitte. Zunächst – quasi im Laufschritt – eine Tourenchronologie:

Durchbruch am Aconcagua

Die Idee kam am sauerstoffarmen Gipfel des Cho Oyu: Das nächste Vorhaben sollte eine „Belaufung" des 6.962 Meter hohen Aconcagua in den argentinischen Anden sein. Stangl kannte den Berg bereits von „normalen" Besteigungen und wählte ihn daher für seine „erste beabsichtigte Schnellbegehung", für den ersten namentlich so genannten „Skyrun". Gleichzeitig war dieser Versuch auch der Auftakt zur – 2007 finalisierten – Sammlung der „Seven Summits" (mehr davon im gleichnamigen Kapitel), aber auch der Beginn steigender Bekanntheit. Der Rekordbruch auf dem höchsten Gipfel Südamerikas (Basislager – Gipfel: Vier Stunden und 25 Minuten!) sorgte für mediale Aufmerksamkeit und damit auch zum Durchbruch an die Spitze der internationalen Alpinprominenz.

Broad Peak Vorgipfel – Der 8.000er als Tagestour muss warten

Filmaufnahmen zur Gesäuseumlaufung | Rechts: Everest und Lhotse

Ein Wandertag im Gesäuse

Im Zuge von Filmaufnahmen anläßlich der Eröffnungsfeierlichkeiten des Nationalparks Gesäuse (2002) versetzte der Skyrunner das heimische Publikum in ratloses Staunen: Er lief – und kletterte – entlang der Nationalparkgrenze (Hochtorgruppe und Buchsteinmassiv): *Ich bin im ersten Morgenlicht aufgebrochen und im letzten Abendlicht zurückgekommen.* Was nach einem üblichen Wandertag klingt, war ein weiterer einsamer Rekord der seinesgleichen vergebens sucht: unglaubliche 69 Kilometer, 11.500 Höhenmeter (!) mit Kletterpassagen im dritten Schwierigkeitsgrad in sechzehn Stunden und vier Minuten!

Lhotse-Everst-Überschreitung

Nächste Station: Lhotse-Everest! Das Projekt – ein Jahr nach dem Erfolg auf dem Aconcagua – ging zunächst in Stangls Tourenliste unter, erst nachdem Beweismaterial aus dem unsortieren Bilderfundus aufgetaucht war, erinnerte er sich: *Ach ja, die G'schicht hab ich wohl verdrängt! Dort wollte ich die erste Überschreitung vom Lhotse zum Mount Everest angehen.* Speedmässig? *Ja klar, weil zum Biwakieren ist es dort ohnehin zu hoch.* Und warum kam's nicht dazu? *Zu kalt – extrem kalt! Da hat's mich in 8.300 Metern Höhe, also knapp 300 Meter unterm Gipfel beinah eingeeist! So musste ich, um irreparable Erfrierungen zu vermeiden, die Tour abbrechen ...*

Broad Peak

Im Jahr 2004 wurde neuerlich ein Karakorum-Riese als Ziel auserkoren. Mit von der Partie war wieder Jürgen Reinmüller. Der junge Admonter hatte sich mehrfach als kongenialer Partner Stangls erwiesen, unter anderem auch am Khan Tengri. Geplant war zuerst eine Neuroute und hernach eine Speedbegehung am 8.051 Meter hohen Broad Peak, dem Nachbarberg des K2 in der pakistanischen Karakorum-Kette. Bei diesem Vorhaben schien sich jedoch einmal mehr das Gesetz der Serie zu bestätigen: Sämtliche Versuche, eine neuen Route durch die Südwestwand zu finden, scheiterten kläglich: *Es war nichts zu machen, durchgehend schlechtes Wetter, wochenlang null Sicht und so grundelten wir ewig im Nirgendwo der riesigen Wand. Vergebens.* Ein Jahr später gelang einer russischen Seilschaft – bei optimalen Verhältnissen – eben diese Route ... Auch der Versuch, auf dem „Normalweg“ eine Schnellbegehung hinzulegen, fiel den widrigen Umständen zum Opfer.

Dhaulagiri 2005

Eine neue Geschwindigkeitskampagne sollte im Wonnemonat Mai auf dem „Weißen Berg“ umgesetzt werden. Ziel war es, den vom Kasachen Anatoli Boukreev aufgestellten Zeitrekord am Dhaulagiri zu unterbieten; es galt, die 8.167 Meter zum Gipfel des siebthöchsten Berges unter 17 Stunden zu überwinden. Trotz erneut ungünstiger Witterung startete Chri um 18.00 Uhr abends und erreichte, knapp 18 Stunden später, eine Höhe von „nur“ 7.850 Meter. Abgesehen davon, dass Boukreevs Zeit dem Vorstoß des Steirers standhielt, wurden die Verhältnisse extrem gefährlich und zwangen zum umsichtigen Rückzug. Die Hoffnung auf ein zweites Experiment schwand danach von Tag zu Tag durch permanenten Schneefall.

Rechts: Impressionen vom Broad Peak

Mit Gästen auf dem Elbrus in Russland (Sommer 2004)

Als Bergführer auf dem Pik Lenin

Der zweithöchste Pamir-Gipfel (7.134 Meter) wurde im „klassischen" Expeditionsziel in 5 1/2 Stunden vom Lager III (6.050m) über den langen Westgrat erreicht. Zu einem „Skyrun"-Rekordversuch - unter sieben Stunden den Gipfel vom Basislager aus zu erreichen - kam es wetterbedingt nicht mehr. Der Rekord über diese Route steht bei acht Stunden und nicht wie bisher angenommen bei sieben Stunden. Fast täglicher Schneefall schafften auch hier keine optimalen Bedingungen.

Elbrus: Kaukasische Kälte

Stangl befand sich im April 2006 in seiner Eigenschaft als Bergführer auf dem Weg zum Gipfel des Elbrus, seines Zeichens mit 5.642 Metern Höhe die höchste Erhebung Russlands. Minus 40 Grad und schlechte Sicht zwangen die Gruppe zur Umkehr. Tage später schaffte er eine Speedbegehung in fünf Stunden und 18 Minuten - direkt von der Talstation des Liftes im Ortskern von Azau aus. Die Tat fand Einzug in das „Seven Summits-Projekt", dazu folgte im gleichen Jahr der „Everest als Tagestour." Beide Unternehmen werden dort noch näher beschrieben.

Auf dem Ojos del Salado

2007: Rekord auf dem höchsten Vulkan der Erde

Der Ojos del Salado (6.893 Meter) steht im Grenzverlauf zwischen Chile und Argentinien. Christian vermerkt dazu:
Ich kam am Morgen des 24. Februar um 8.00 Uhr mit meinem Geländewagen im Basislager an. Das Wetter erschien mir sehr günstig. Kein Wind! Nach kurzer Vorbereitung startete ich eine Stunde später gleich durch. Ein perfekter „Hüfttascherltag." 1,5 Liter zum Trinken, drei Kohlehydratgels à 42 Gramm und ab die Post. Nach oben hin wurde ich immer fitter, es war außergewöhnlich warm. Ich war nun das vierte Mal auf dem Ojos-Gipfel, aber so perfekte Bedingungen hatte ich noch nie! Gesamtzeit Basislager – Gipfel: drei Sunden und 44 Minuten. Die Gegend „Puna de Atacama" zählt zu den trockensten Gebieten der Erde und die Hochfläche liegt auf durchschnittlich 4.500 Meter Höhe. Aus dem Krater nach rechts hinauf muss man ganz kurz klettern. Es hängen aber zusätzlich ein paar Fixseile herum. Die Ziele in Südamerika waren ursprünglich andere und zwar die Erstbegehung der Chimbote Südwand. Dieser Plan wurde gleich abgeblasen. Die Südwand ist brüchig und steinschlaggefährlich ohne Ende. Nach dem gescheiterten Versuch musste ich schnell auf den Llullailllaco, einem 6.739 Meter hohen Vulkan im Norden Chiles, wo ich für die Uni Graz eine Meßsonde zu wechseln hatte. Der Llullailllaco gilt als „der Berg der Inkas", weil heute noch nahe des Gipfels Ruinen aus der Inkazeit zu finden sind. Erst 1999 wurden dort drei Inkamumien geborgen.

Cho Oyu – Impressionen

Cho Oyu als Tagestour

Im Herbst 2007 schlug Christian erneut sein Zelt im Himalaya auf. Eigentlich stand das Unternehmen nicht auf dem Plan und war – weil er für die Besteigung des Mount Vinson noch bis Dezember zu warten hatte – sowas wie ein „eingeschobenes Trainingslager".
Am 18. September traf ich im Basislager des Cho Oyu ein. Aus Nepal hatte ich Durchfall mitgeschleppt und so musste ich am 19. September vorerst pausieren. Tags darauf stieg ich auf 6.400 Meter Höhe und verbrachte dort eine Nacht. Nach gutem Schlaf stieg ich nächsten Morgen auf 7.000 Meter und genoss dort für zwei Stunden die warme Nachmittagssonne. Zurück im Basislager fühlte ich mich bereits fit für den „Skyrun" zum Gipfel. Nach zwei Rasttagen wollte ich starten. Wie üblich ... Schlechtwetter zuerst.
Am 23. September brach für unbestimmte Zeit eine Schlechtwetterfront herein. Alle Pläne waren zunichte. Die starken Stürme (Jetstreams) vernichteten eine Unzahl der von verschiedenen Bergsteigergruppen angelegten Lagerketten. Ganze Zelte verschwanden mit dem Sturm und zwangsweise mussten viele Gruppen eine Besteigung abbrechen. Am 29. September standen noch immer alle Wetterzeichen auf schlecht. Nicht gerade ermutigend, denn sein Besteigungspermit endete mit 4. Oktober. Schönwetterfenster!? Am 30. September dann das Unfassbare. Entgegen allen Wettervorhersagen lichteten sich die Wolken gegen 14.00 Uhr und der Wind legte sich. Der Cho Oyu war seit acht Tagen erstmals wieder sichtbar. *Mir war auch klar, dass der Jetstream den Berg im oberen Teil in gute Verhältnisse gewandelt haben muss. Der Wind verdichtet den Schnee gut bzw. bläst den lockeren Anteil weit hinaus ins tibetanische Zentralplateau. Da sich auch gegen 16.00 Uhr keine Schneefahne mehr im Gipfelbereich zeigte, war der Entschluss gefasst: Der Zeitpunkt für eine „Ein-Tages-Schnellbegehung" war wieder gekommen.* Die Fakten kurz und bündig: Basislager – Gipfel in 15 Stunden und 6 Minuten ...

Selbstportrait auf dem Cho Oyu-Gipfel

Cho Oyu: Vorbei am Lager II auf 7.000 Meter

Blick vom Broad Peak zum K2

K2 – Die Tragödie

Der 8.611 Meter hohe K2 (auch: Lambha Pahar, Qogir, Chogori, Mount Godwin-Austen oder Dapsang), an der Grenze zwischen Pakistan und China gelegen, ist der höchste Berg im Karakorum. Der zweithöchste Berg der Erde wurde 1954 erstmals bestiegen und gilt als der gefährlichste unter den Achttausendern. 77 Bergsteiger überlebten den Besteigungsversuch nicht, weswegen der K2 immer wieder für Schlagzeilen sorgte, so auch anlässlich des Besteigungsversuches durch Stangl und Strausz; das Duo erlebte die „K2-Katastrophe 2008", wo elf Menschen im „Flaschenhals" auf ca. 8.200 Meter Höhe ihr Leben verloren, hautnah mit. Thomas Strausz erzählt davon:

Tom, seit wann kennst du Christian?
Seit 1989. Wir gingen viele Schitouren und kletterten oft miteinander. Unter anderem waren wir auch '93 gemeinsam am Latok II. Wir waren aber nie Seilpartner im klassischen Sinn, dazu sind wir beide zu individuelle Charaktere. Wir schätzen und achten uns gegenseitig, sehen unsere Unternehmungen aber eher als Zweckgemeinschaft.

Was schätzt du an Chri?
Vor allem seine Zielorientierung und die Perfektion seiner logistischen Vorbereitung. Aber auch seinen Umgang mit dem Erfolg, den er in aller Bescheidenheit an sich vorbeiziehen lässt ...
Zum K2: Wie war das, habt ihr das Projekt lange vorausgeplant?
Nein. Ich dachte zunächst an eine Solobegehung, erfuhr dann von Chri, dass er annähernd zur selben Zeit ähnliches plant. So ergab sich dann quasi eine offene Vereinbarung. Ich reiste im Juni voraus und ging zur Akklimatisation über die Cesenroute zum Lager III.
Über die Cesenroute ...?
Nur zum „Aufwärmen." Chri nutzte den Gang ebenfalls zur Akklimatisation, wir kehrten aber wegen Schlechtwetter um und entschlossen uns, wegen der objektiven Gefahren den Gipfel über die weniger riskante Abruzziroute zu besteigen.
Und wie ist es euch gegangen?
Wir waren gut drauf, haben in Lager I und II genächtigt und sind dann vom Lager III auf ca. 7.360 Meter ohne Gepäck zum Gipfelgang aufgebrochen. Um den zahlreichen Seilschaften nicht direkt in der heiklen Passage des „Flaschenhalses" zu begegnen, starteten wir um 23.00 Uhr nachts – nachträglich eine weise Entscheidung!
Flaschenhals? Wie muss man sich diese Passage vorstellen?
Extrem steil, geschätzte 50 Grad, ein auf ca. 200 Höhenmeter verengter Schlauch, der oberhalb von einem riesigen Sérac begrenzt wird. Der Sérac ist das Problem: überdimensional, vornüber geneigt, rissig und jederzeit bereit abzubrechen. Wir waren auch irritiert, durch die vielen Lichter in diesem Bereich. Da war kein System erkennbar, wir ahnten nur, dass da etwas nicht passt.

K2-Impressionen aus den Tagen des Dramas

Tom Strausz beim Aufstieg ... | K2, der technisch schwierigste 8.000er

Wann hab ihr mitbekommen, was passiert ist?
Wir stiegen zum Flaschenhals auf, bis mächtige Brocken einer Eislawine den Weg blockierten. Es war so gegen halb drei Uhr, da kam uns ein Sherpa mit abgebrochenem Pickel entgegen. Der Mann war schwer traumatisiert und wir entnahmen seinen Aussagen keine konkreten Informationen. Chri und ich stiegen daraufhin ins Lager IV ab, warteten dort aufs Tageslicht und erkannten dann: Leute in Bergnot, Tote ... Wir überlegten Hilfsmaßnahmen, konnten aber ohne entsprechende Ausrüstung so gut wie nichts ausrichten. Erst nachdem wir ins Basislager zurückgekehrt waren, wurde das Ausmaß der Tragödie ersichtlich: 11 Tote!
Vorsehung, Schicksal?
Eher eine Verkettung unglücklicher Umstände. Es waren ja mehrere Lawinen, eine riss das Fixseil der Traverse weg, weshalb der Abstieg ins Stocken geriet, den Leuten ging allmählich der Sauerstoff aus, dann kam die nächste Lawine ... Wir hatten die Lage annähernd richtig eingeschätzt und vermieden es, zur gleichen Zeit unter dem brandgefährlichen Sérac herumstehen zu müssen. Aber zunächst war es uns wichtig, unseren Angehörigen daheim auf schnellstem Wege mitzuteilen, dass wir wohlauf waren. Schon einmal wurde ich im Zuge einer Nanga Parbat-Expedition als vermisst gemeldet - solche Falschmeldungen wollten wir unbedingt vermeiden ...
Und nun? Gehts noch einmal zum K2?
Das schließe ich nicht aus und Christian spekuliert ohnehin mit einer alternativen Variante im Bereich des Flaschenhalses ...

Extrem widrige Verhältnisse vereitelten auch im darauffolgenden Jahr einen neuerlichen Schnellbegehungsversuch Stangls. Und selbst den vereinten Kräften eines Teams trotzte der Berg und blieb 2009 gänzlich unbestiegen. Die Gruppe wurde 300 Meter unter dem Gipfel von brusttiefem Schwimmschnee zur Umkehr gezwungen.

Erfahrung & Taktik

Um nun wirklich einen „Skyrun" erfolgreich durchzuführen, braucht es aber doch mehr als nur die Kernkompetenzen Ausdauer und Akklimatisation. Alpine Erfahrung ist notwendig, um mögliche Gefahren richtig einschätzen zu können. Abhängig vom Zielgebiet und der absoluten Höhenlage gibt es für „Skyrunner" – wie auch für „Höhenbergsteiger" – dieselben alpinen Gefahren. Erfahrung heißt aber auch: Welche Ausrüstung ist zu wählen? Sind Laufschuhe für einen Lauf auf den Aconcagua vertretbar oder wird das Risiko Erfrierungen davonzutragen zu hoch? Kann ich im Falle des Mount Everest auf den Eispickel – aus Gewichtsgründen – verzichten? Alle alpinen Fortbewegungsmethoden sollten perfekt beherrscht werden, denn in der Eile passieren manchmal Fehler. Eine gute Taktik setzt auch ein gewisses Maß an alpiner Erfahrung voraus. Beispielsweise wird man den geplanten Zeitrahmen des Skyruns immer so wählen, um zum Zeitpunkt der günstigsten klimatischen Bedingungen im Gipfelbereich unterwegs zu sein. Denn „günstige klimatische Bedingungen" sind gleichbedeutend mit minimiertem Risiko, aber auch mit wenig Kleidung und leichtem Schuhwerk.
Zudem kann sich ein gut akklimatisierter Körper in der Höhe schneller bewegen. Schneller bewegen heißt erhöhte Pulszahl. Wer mit Puls 160 den Gipfelhang des Aconcagua hinaufflitzt, produziert zwischen 300 und 400 Watt. Das ist um Faktor 3 mehr als ein durchschnittlicher Alpinist. Solche Überlegungen sind es, die dazu führen, auch Berge, die höher sind als sechstausend Meter in einem konventionellen Laufdress bewältigen zu können.

CS

Am Morgen des 2. August 08: Tom Strausz auf der Schulter des K2

Walter Laserer am oberen Ende des 1.600 Meter hohen „Gardner-Couloires"

Der Antarktis-Plan 08

Seit dem Mount Vinson (2007 im Rahmen des Seven Summits Speed-Projekts) kannte Stangl die einsame Bergregion auf dem Südkontinet. Das machte Gusto: Die nächsthöheren Antarktisgipfel (Tyree, 4.852 Meter und Mount Shinn, 4.660 Meter) waren demnach im Dezember 2008 das auserkorene Ziel. Mit dabei waren der Gosauer Bergführer Walter Laserer und der australische Kartograf Damian Gildea, beide profunde Kenner der rauen Gegend im Ellsworth-Gebirge. Die Partie war auch so etwas wie eine Zwangsgemeinschaft, da aus Sicherheitsgründen nur Gruppen mit mindestens drei Personen losgelassen werden, Alleingänge also nicht erlaubt sind. So wollen es die Regeln! Da Walter aber noch anderwärtig mit einer Führung zu tun hatte, und Damian kurzerhand erkrankte, besuchte Stangl derweilen alleingehend den Gipfel des Mount Shinn. Und büßte seine Individualgang mehrfach. Chri: *Zu allererst wehrte sich der saukalte Berg mit Blaueis, extrem hart, das war echt heikel zu gehen. Dazu kam noch die Kälte, da ist die*

Schneebrille so vereist, dass ich sie abnehmen musste – am Abend war ich dann erstmals in meinem Leben schneeblind. Und als Draufgabe wurden mir dann noch von der Verwaltungsbehörde (die extra deswegen aus Salt Lake City angerufen hatte) *ordentlich die Leviten wegen meines unerlaubten Alleinganges gelesen. Den Walter Laserer haben's gleich mitgescholten – er war ja als offizieller Leiter der Gruppe verantwortlich für einen regelkonformen Ablauf.*

Für das „austroaustralische Trio" war als Nächstes der Mount Tyree, ein einsamer Gipfel mit bislang erst vier Besteigungen, im Visier. Dazu wurde das Gebiet weitläufig umgangen, um den als schwierig geltenden Berg von seiner Westseite, quasi im Zuge einer Überschreitung über den 4.573 Meter hohen Mount Gardner, zu ersteigen. An dessen Wandfuß kam es dann auch zu einer bemerkenswerten Entdeckung: *Da stand, wie frisch hingestellt, eine herrenlose Holzkiste, die von der amerikanischen Erstbesteigungs-Expedition hinterlassen worden war. Das war 1967! Der Inhalt – unter anderem schmackhafte Kekse aus Neuseeland – wurde noch vor meiner Geburt produziert. Der Hinweis „Expiry Date: August 1967" wurde einfach irgnoriert, und so genossen wir den 41 Jahre lang tiefgefrorenen Proviant ...*

Der Aufstieg zum Mount Gardner verlief ohne Probleme, doch von seinem Gipfel aus gesehen versprach der weitere Verlauf nichts Gutes. Die bekannten Bilder aus dem Jahr 1967entsprachen nicht der gegenwärtigen Situation, so wich ein damals noch gangbares Couloir einer mittlerweile brüchigen Schuttwand. Die Entscheidung wurde daher einstimmig getroffen: Projekt auf bessere Zeiten verschoben! Stangl nahm es gelassen: Irgendwie bin ich sogar froh, dass der Mount Tyree nicht gleich auf Anhieb ging; so habe ich einen guten Grund, eines Tages wieder in die Antarktis zu reisen.

Rechts: Szenen der Antarktis-Reise

Crown of Africa

Von den drei höchsten Gipfeln Afrikas ist vornehmlich der Kilimandscharo bekannt. Seine zwei kleineren Brüder (Mount Kenia mit dem Hauptgipfel Batian 5.199 Meter und der Mawenzi mit dem höchsten Punkt „Hans Meyer Peak" 5.149 Meter) sind dagegen nahezu unbekannt. Dennoch haben es die zwei Zacken in sich. Sie sind keine Wandergipfel à la „Kili", sondern bleiben wegen ihrer Schroffheit ausschließich Kletterern vorbehalten. Batian und Mawenzi, immerhin die zweit- bzw. dritthöchsten Gipfel Afrikas, sehen daher im Jahr weniger als eine Handvoll Begehungen. Die „Zacken in der Krone des schwarzen Kontinents – eine afrikanische Trilogie", war im Februar 2009 als Vorbereitung für einen weiteren Versuch auf den K2 gedacht. Am „afrikanischen Dreierpack" war auch Birgit Rinner beteiligt. Im Zuge eines Kaffeekränzchens im Hause des Skyrunners plaudern Birgit und Christian aus dem Nähkästchen:

Chri: *Der Batian ist der höchste Gipfel der Mount Kenia-Gruppe. Und der ist unter 19 Seillängen im Schwierigkeitsgrat IV nicht zu haben.*

Birgit: *Über die 600 Meter hohe Südostwand kletterten wir zuerst auf die Spitze des Nelion. Eine herrliche Kletterei in kompaktem Fels, aber mit vielen langen, oft fallenden Quergängen. Die Orientierung war da äußerst schwierig.* (Die Bemerkung, dass sie, Birgit, dafür ja einen halbwegs guten Führer hatte, bestätigt Chri mit wohlwollendem Nicken.) *Ein bisschen machte mir nur die Höhe zu schaffen, da kam ich ganz schön ins Schnaufen.*

Chri: *Tja, atmen muss man halt können!*

Gipfel des Mount Kenia | Auf dem Batian | Kilimandscharo, 5. Begehung
Linke Seite: Birgit Rinner in der Südostwand des Nelion

Birgit: *Ein weiteres Handicap war das schwere Gepäck. Wir waren ja auf ein Biwak eingestellt.*
Chri: *Ja, weil ich dich nicht überfordern wollte!*
Birgit lächelnd: *Tatsache war aber, das wir nur einen Tag (*genauer: 15 Stunden) *brauchten und das ganze Zeug umsonst mitschleppten. Und all das mit den „Böcken“* (steigeisenfestes Schuhwerk). *Drei Stunden benötigten wir hin und retour vom Vorgipfel Nelion um diese letzten 11 Höhenmeter zum Batian zu bewältigen.*
Chri erklärend: *Man muss vom Nelion abseilen und dann nordseitig in heiklem Gelände mit Schnee und Eis zum Batian queren.*
Birgit*: Der insgesamt aber ein guter Einstieg für den nächsten Berg war.*
Chri: *Ja, nach dem Batian wandten wir uns dem Mawenzi zu.*
Birgit: *Wir? Da hast du mich ja gar nicht mitgenommen ...!*
Chri: *... weil mir nach einer Besichtigung das lose Gestein Sorgen machte und ich mich deshalb für eine Solo-Speedbegehung* (vier Stunden) *entschied. Die steile Wand ist brutal brüchig, das wollte ich der Birgit nicht antun! Es war einfach zu gefährlich. Wohl deshalb hat der Berg auch kaum Begehungen. Beim Abstieg fiel mir eine Abseilschlinge auf, der Bauart nach war sie mindestens zwanzig Jahre alt ...*
Birgit: *Tags darauf machte er eine Schnellbegehung des Kili* (seine bereits fünfte Besteigung) *von der Mawenzi Hütte aus. Da bin ich dann freiwillig nicht mitgegangen - mir ist der Christian einfach zu schnell! Er bezeichnet den Berg ja auch als „härtesten Spaziergang der Welt.“ Bei dieser Gelegenheit brachte Christian seinen Guide fast um!* (Anm: Besteigungen des Kili sind nur mit Führern erlaubt).
Chri: *Der Mann hatte einfach nicht verstanden, dass ich um ein Uhr nachts aufbrechen und den Berg in einem Guss durchziehen wollte. Ich durfte auch nicht vorne gehen – bis ich eine Gelegenheit nutzen und ihn überholten konnte ...*
Birgit: *Als die beiden ins Lager zurückkamen prahlte der Guide noch voller Stolz, bevor er erschöpft niederbrach ...*

Christian Schmidt vor der Riesenspalte
Rechts: Bilderbogen vom Mount Logan

Mount Logan – der kanadische Gigant

Der Mount Logan – in der Eliaskette im Südwesten des kanadischen Territoriums Yukon gelegen – ist mit 5.959 Meter der höchste Berg Kanadas und wurde 1891 nach dem Geologen Sir William Edmond Logan benannt. Dem eisigen Berg eilt der Ruf voraus, härter als der Denali zu sein – seine Besteigung zählt daher zu den schwierigsten Nordamerikas – und schien demnach prädestiniert, vom Skyrunner unter die Schuhsohlen genommen zu werden. Christian Schmidt, vor Jahren von Admont nach Vancouver ausgewandert, war dafür der optimale Partner. Auf dem Plan stand eine Besteigung über den Ostgrat – technisch anspruchsvoll mit rund 4.000 zu überwindenden Höhenmetern. Das Duo kam auch gut voran, bis in der Mitte des Grates eine hoch lawinöse Passage zur Umkehr zwang und Plan B aufrief. Dieser erforderte einen weitläufigen Standortwechsel per Flugzeug (auf das die Steirer ganze acht Tage warten mussten), um auf die Westseite des Mount Logans zu gelangen. Von dort aus führt der „Normalanstieg“, die sogenannte „King Trench-Route“ zum Gipfel. Mit Kopfschütteln erwähnt Stangl, dass diese Route als Skitour bezeichnet wird.

Wir waren ja schon ziemlich gut akklimatisiert, deshalb zogen wir unsere Schlitten über die Gletscherstrecke in einer 13-Stunden-Hauruck-Aktion durch (Normalzeit: zwei Tage). *Auf dem geplanten Lagerplatz entdeckten wir zunächst in der Ferne einen Punkt, später ein Zelt ... Ich war ganz schön überrascht: Da stand der Kammerlander Hans mit seinem Partner Wilfried vor uns! Ich kannte den Hans ja schon von einer Sauftour in Kathmandu ...* (Stangl korrigiert: *Das war ein Kommunikationsabend*) *Die beiden kamen von der anderen, der Alaskaseite, hatten sich proviantmäßig etwas verschätzt und wenig Fressalien dabei; da mundete ihnen unser steirisches Geselchtes besonders gut.* Stangl und Schmidt bildeten beim Gipfelgang dann die Vorhut, machten etliche Höhenmeter, bis das Unglaubliche den Aufstieg stoppte: Eine Riesenspalte durchzog den ganzen Berg – auf der einen Seite senkrechte Flanken, auf der anderen Luft und die Spalte selbst unüberwindbar. Etwas später kam Kammerlander hintennach und freute sich, das die Steirer auf ihn gewartet haben. Stangl: *Nein Hans, wir stehen da nicht wegen dir, schau mal was da hinter mir ist ...* und deutete in die Richtung der Spalte. *Der Hans war total perplex; dort wo sich die Abgründe auftaten stand Tags zuvor noch sein Materialdepot, unter anderem auch seine Ski – alles weg! Da sind wir dann ziemlich blöd dagestanden und haben uns fragend angeschaut! Ich wartete darauf, dass Hans irgendetwas sagte und der wiederum wartete darauf, dass von mir ein Vorschlag kam ...* Beiderseits vergebens. Die Spalte erwies sich als unüberbrückbar: *Im Himalaya wär sowas kein Problem, da kämen sofort ein paar Sherpas mit einer Aluleiter, aber hier?* Hier war nur eines möglich: Heimgehen. Damit die beiden Sürtiroler wieder auf die Alaskaseite gelangen konnte, spendierten die Steirer noch ihre Ski und machten sich ebenfalls auf den Heimweg ... Vielleicht treffen sie sich ja wieder einmal, irgendwo im Bergland oder in einer Kneipe in Kathmandu.

Auf dem Gipfel des Mount Gardner (sechste Besteigung seit 1967)

Skyrun auf den Pomerape, Bolivien

Geschichte des Schnellbergsteigens

„Erst nach den ersten Erfolgen in Südamerika beschäftigte ich mich intensiver mit der für mich neuen Materie, die so ganz neu ja nicht war – so gab es bei den Russen immer schon solche „Hochgebirgsrennen" als Auswahlverfahren für jene, die dann mittels staatlich finanzierten Expeditionen in den Himalaya geschickt wurden. Interessant auch, wie viele Achttausender-Gipfel schon als Ein-Tages-Touren gemacht worden sind. Genauere Nachforschungen ergaben aber, dass der Berg immer im Vorhinein „präpariert" wurde. Zumeist wurden auch bemannte Zwischenlager eingesetzt, die den „Athleten" während der Begehung unterstützten. Genau der Punkt Hilfestellung durch Dritte degradiert jedoch den Berg tatsächlich zur Laufstrecke. Außerdem ist damit wieder großer Menschen- und Materialaufwand notwendig, um eben diese Versorgungsstationen einzurichten. Eine Entwicklung in die verkehrte Richtung – ein echter „Skyrun" hingegen wird ohne Fremdunterstützung durchgeführt. Wenngleich auch die Zeit das wichtigste Faktum eines Skyruns ist, ist letztendlich der Stil, in welchem hier ein hoher Berg bestiegen wird, die eigentliche Neuerung dieses Sports."

CS

Rekord in Serie

Die Besteigung des Aconcaguas als Halbtagestour und des Mount Everests als Tagestour sorgten für Furore. Aber vier Sechstausender an einem Tag oder zehn Sechstausender in sieben Tagen beeindruckten wenig. Dabei sind aus sportlicher Sicht Serienbesteigungen wesentlicher höhere Herausforderungen.

CS

Die Zeit läuft ...
Kodak EPP 3411

Tanz auf dem Vulkan

Serienskyruns in den Anden

Die Inspiration, 6.000 Meter hohe Berge in Serie zu belaufen, entstand spätestens nach Christian Stangls hurtigem Gang auf den Aconcagua. Nachdem er die oberste Etage der Andenberge als Vormittagstour absolviert hatte, stellte sich die Frage: Was tun mit dem angebrochenen Tag? Dazu gesellte sich das pragmatische Ansinnen, die Zeit der Südamerika-Aufenthalte effizient zu nutzen, also zu tun, was möglich war. Seine Vorliebe für die Gipfel der Mayas und Inkas begründet sich darin, dass die Anstiege technisch verhältnismäßig einfach sind und – im Unterschied zu den zentralasiatischen Gebirgsmassiven – die Witterungsbedingungen um ein Vielfaches beständiger sind. Im Jahr 2008 betrat Christian seinen zweiundfünfzigsten 6.000er-Gipfel in den Anden. Weitere werden wohl noch folgen ...
Die erste geplante „Gipfelsammlung“ fand im Jahr 2003 unter dem Lauftitel „Jogging-High-Projekt“ statt. In 18 Tagen betrat der Skyrunner neun 6.000 Meter hohe Andengipfel, wobei die Besteigungen an sich kaum Probleme bereiteten; vielmehr bestand das Abenteuer darin, die enormen Entfernungen zwischen den einzelnen Vulkanen zu meistern. Zwei Jahre später plante er ein weiteres, zielmäßig naheliegenderes, Vorhaben – Effekt: im Rahmen der „Tour des Andes 05“ brachte er zehn 6.000er innerhalb von sieben Tagen über die Runden. Schon rein mathematisch ergab sich dabei die Notwendigkeit, mindestens zwei Gipfel an einem Tag zu belaufen. Dies führte in der Folge zur Überlegung, wie viele 6.000er innerhalb von 24 Stunden möglich wären? Die Antwort folgte im Jahr 2006 unter dem Decknamen „Anden-Triologie“: Drei 6.000er nonstop in sechzehn Stunden! Mittlerweile erreichte der rasende Steirer jenen Punkt, an dem er nur noch seine eigenen Rekorde toppen konnte. Dies geschah dann auch 2008: Stangl wollte als persönlichen Beitrag zum olympischen Gedanken fünf ringförmig verbundene 6.000er unter 24 Stunden leisten; der Versuch endete bei „nur“ vier innerhalb von 22 Stunden – ein bis dato ungebrochener Rekord.

Rast nach Acotango & Guallatiri im Doppelpack

High-Tour Jogging

Erster Serienskyrun: 9 | 6.000 | 18 Tage

2003 ist das Jahr der ersten planmäßigen Serienbesteigung: neun Sechstausender in achtzehn Tagen! Das Projekt ging als „Jogging-High-Tour" ins alpine Logbuch Stangls ein. Mit dabei sein Freund Raimund Reiter, der auserkoren war, den Lauf der Serie bildlich festzuhalten. „Raitsch", gerade dabei seine filmische Begabung zu entdecken, zögerte nicht lange und ließ sich auf dieses Abenteuer ein. Seine Beschreibung gibt einen Einblick aus der Sicht des Kameramannes:

Raimund Reiter bei Filmaufnahmen auf dem Huayna Potosi, 6.088 Meter

Lauf zum Huayna Potosi | Acotango-Gipfel – den nächsten 6000er schon im Visier

Der Wind heult auf dem Paso San Francisco, dem Grenzübergang von Chile nach Argentinien. Missmutig stehen wir um die offene Motorhaube unseres in La Paz gemieteten Nissan Patrol herum und stieren auf den eingefrorenen Motorblock. So haben wir uns die Mission „Jogging High" eigentlich nicht vorgestellt. Doch was soll's, ist ja nicht das erste Problem auf den 2000 Kilometern von La Paz entlang der chilenischen Westküste bis hierher. Ein defekter Vergaser in irgendeinem kleinen Küstenkaff, ein verstopfter Luftfilter in der Atacama, den wir kurzerhand ausgebaut haben, nun der Kälteeinbruch mitten im 6000er-Haufen rund um den Ojos del Salado. Hier hätte die Serienbesteigung in den nächsten Tagen beginnen sollen. Das Einzige, das beginnt, sind allerdings Schneefall und schneidender Wind. Bislang sind mehr als zwei Wochen vergangen und noch kein einziger Berg im Sack! Wir fahren weiter Richtung Volcan San Pedro. Durch die Planänderung nach der vorangegangenen Misere wird der San Pedro nun als erster Gipfel der Besteigungsserie festgesetzt. Logistisch gestaltet sich das Projekt von jetzt an schwieriger, da die 6000er, die wir nun anpeilen, auf mehreren hundert Quadratkilometern verteilt sind, einer viel größeren Fläche als geplant. Bei Vollmond erreichen wir den Vulkan. Bereits vor Sonnenaufgang sind Chri und ich Richtung Gipfel unterwegs. Für Chri beginnt nun, am 12. August, endlich die eigentliche Mission, und auch für mich wird es ernst, soll ich doch brauchbare Bilder liefern. Obwohl wir beide noch nicht ausreichend akklimatisiert sind, entschwindet Chri bald meinen Blicken. Die einzigen Aufnahmen, die ich von ihm erwische, sind Teleaufnahmen von seinem Abstieg – gerade mal 900 Höhenmeter habe

Lauf zum Gipfel des Sajama, im Hintergrund die Payachatas

ich in den mühseligen Schotterhängen inzwischen geschafft. Nachdenklich überlege ich, wie das mit dem Filmen besser funktionieren soll. Vor ein paar Monaten, als wir nach ein paar Bier das Projekt ausgeheckt hatten, schien noch alles so einfach. Rauf - Chri filmen - runter - nächster Berg. Nun machen sich meine fehlenden Kenntnisse jeglicher Videotechnik bemerkbar. Bislang beschränkten sich meine Kameratätigkeiten auf das private Filmen zahlreicher heimatlicher Bergmissionen. Doch man wächst mit der Herausforderung, denke ich mir, und gemeinsam setzen wir den Abstieg vom San Pedro fort. Als wir die weiten Ebenen am Fuß des Vulkans erreichen, blicken wir verwirrt über die Landschaft - alles sieht vollkommen gleich aus, wir wissen nicht mehr, wo der Jeep steht ... Kreuz und quer stapfen wir über die Hügel und Gräben und werden immer grantiger, bis wir nach gut zwei Stunden doch noch zu unserem Basislager zurückfinden.

Ein Spitzen-Menü unseres Koches Hérman lässt jedoch die Wut und alle negativen Gedanken gleich verschwinden, und wenig später sind wir wieder on the road, unterwegs zum Cerro Aucanquilcha.

14. August: Chri und ich stehen auf dem Aucanquilcha. Fast mit Ehrfurcht blicken wir auf die alten Minenstraßen und Maschinengerippe knapp unterhalb des Gipfels. Kaum vorstellbar, dass hier auf über 6000 Metern Bergbau betrieben wurde. Wahrlich nicht gerade die angenehmste Vorstellung eines Arbeitsplatzes. Wir lassen diese unwirtliche Gegend und den Berg wieder hinter uns und fahren weiter in den Norden in den bolivianischen National-

park Sajama. Nun kommen wir zu den interessanteren, weil vergletscherten, Vulkanen. Während Hérman am Fuß des Parinacota und Pomerape beim Jeep bleibt, gehen Chri und ich weiter in den Sattel zwischen den Payachatas, wie diese beiden Berge genannt werden, um dort unser Basislager aufzuschlagen. Die Nacht ist für mich nur von kurzer Dauer. Durch unsere unterschiedliche Aufstiegsgeschwindigkeit sieht der neue Plan nun vor, uns auf dem Gipfel zu treffen, um dann in Ruhe die Aufstiegsszenen beim gemeinsamen Abstieg filmen zu können. Also bin ich schon um drei Uhr morgens Richtung Parinacota unterwegs. Trotzdem überholt mich Chri noch ein gutes Stück unter dem Gipfel. Es ist immer wieder erstaunlich, mit welcher Leichtigkeit er vorbeizieht. Zumindest sieht es so aus. Chri kommt mir dann wieder entgegen und geht das letzte Stück noch einmal mit hinauf, damit wir oben am Parinacota filmen können. Wir stellen fest, dass ich genau doppelt so lange für den Aufstieg brauche wie er. Das ist gut zu wissen, denn so können wir das Zusammentreffen auf dem Gipfel besser abstimmen. Das Filmen geht dann problemlos – das Wetter ist traumhaft. Nur die Kameraakkus halten nicht lange. Die niedrigen Temperaturen sind nicht gerade optimal für die elektronischen Geräte hier heroben. Doch glauben wir, genug Aufnahmen beisammen zu haben, als wir wieder in unserem Lager sind. Erst später, beim Schneiden des Videomaterials, komme ich drauf, was alles noch notwendig gewesen wäre, um die Schnittarbeit zu erleichtern.
Der nächste Tag ist für mich ein Rasttag. Chri scheint immer mehr in Höchstform zu kommen. Ich schaue ihm zu, wie er über die Südflanke des Pomerape fast hinaufläuft. Ich gehe ein Stück Richtung Parinacota hinauf, um ein paar Teleaufnahmen von seinem Aufstieg zu machen.

Szenen am Rand der Jogging-High-Tour

Hérman, Koch und musikalischer Skyrun-Begleiter | Kraftfutter | Lagerleben

Nach weniger als fünf Stunden ist er dann schon wieder im Lager, wo gewaltige Nahrungsmengen in seinem Körper verschwinden. Es sind jetzt sieben Tage vergangen, seit wir den Paso San Francisco verlassen haben, und vier Gipfel sind abgehakt. Das wirkt sich ungemein positiv auf die Motivation aus, und so verschwenden wir keine Zeit, packen unsere Sachen zusammen, eilen schnurstracks zum Sajama. Auf dem Lagerplatz stellen wir das Zelt auf, dann gehe ich alleine weiter in das Hochlager. Dort schaffe ich mir einen gemütlichen Zeltplatz und nächtige in exponierter Lage. Nur wenige Stunden später ist Tagwache angesagt. Chri und ich wollen uns um acht Uhr morgens auf dem Gipfel treffen, also gehe ich kurz vor vier Uhr weg. Um acht Uhr bin ich kurz vor dem Gipfel, als Chri im Rückspiegel auftaucht. Und wieder einmal, auf der sanften Schneekuppe des Gipfels, zieht er an mir vorbei. Doch mit zwei Minuten Differenz haben wir den Treffpunkt gut getroffen ...
Guallatiri und Acotango: Diese beiden Gipfel will Chri gleich in einem Abwasch „erledigen". Das Schwierige ist hier, überhaupt zu den Bergen hinzufinden, da sie eher zu den weniger bekannten Gipfeln Boliviens zählen. Chri startet um drei Uhr morgens Richtung Acotango los, ich erst um halb zehn auf den Guallatiri. Schon nach weniger als drei Stunden bin ich auf dem Vorgipfel, da kommt Chri bereits über die Südflanke angedampft und verschwindet auf dem Gipfelgrat. Einigermaßen perplex baue ich die Kamera auf, um Chri auf dem Gipfel filmen zu können. Vor zwei Tagen erst hat er eine Rekordzeit auf den höchsten Berg Boliviens aufgestellt und gerade eben eine Doppelbesteigung eingesackt – und trotzdem wirkt er frisch wie nach einer Nachmittagsskitour auf den Grabnerstein. Drei Tage später stehen Chri und ich auf dem Huayna Potosi. Hier hat es wieder genau gepasst, wir sind zugleich oben angekommen. Trotz des dichten Nebels können wir gute Aufnahmen machen. Mittlerweile haben wir ein gutes Arbeitssystem und können deshalb relativ rasch nach La Paz zurückfahren, um die letzte Herausforderung in Angriff zu nehmen, den Illimani.

Skyruns auf: Parinacota | Guallatiri | Huayna Potosi

Vor einem Jahr war ich mit einem Freund in der Südwand dieses Berges, diesmal ist aber die Normalroute unser Ziel. Ein öffentlicher Bus bringt uns die 70 Kilometer zum Berg. Chri und Hérman bleiben im Basislager, ich marschiere weiter ins Nido de los Condores, dem Hochlager, um dort zu schlafen. Am Morgen kommt Chri vorbeigewetzt. Er ist in Spitzenform und will diesen Zustand für den letzten Gipfel der Serienbesteigung natürlich ausnutzen. Alles passt, nach einer verblüffend kurzen Zeit ist er schon wieder zurück im Hochlager. Wenig später kommt auch Hérman nach. Wir wollen alle drei am nächsten Tag zum Filmen auf den Gipfel. Doch als ich dann in den frühen Morgenstunden höhersteige, merke ich, dass es nicht wie gewohnt läuft. Der Körper ist vollkommen leer, nichts geht mehr. Immerhin wäre das jetzt auch schon mein sechster 6000er innerhalb relativ kurzer Zeit, da wollen meine Beine nicht mehr mit, wie's aussieht. Also gebe ich Hérman und Chri die Kameraausrüstung und stapfe wieder in das Hochlager hinunter.

Ein paar Tage sind noch über, bevor uns der Flieger wieder nach Österreich bringen soll. Also beschließen wir, das gute Wetter auszunutzen, noch einmal zum Huayna Potosi zu fahren und noch ein paar Aufnahmen zu machen. Vor Ort kommen wir bis ins Hochlager, dann beginnt es zu schneien. Somit ist die Mission gelaufen. Neun Sechstausender in 18 Tagen – Chri ist zufrieden. Zumindest vorerst. Denn die Zukunft wird zeigen, dass noch mehr möglich sein wird. Unsere nächste Sorge ist allerdings eine andere. In zwei Monaten findet das Grazer Bergfilmfestival statt – bis dorthin soll ein Film fertig sein. Trotz des Zeitdruckes können wir den Film fertigstellen und das Projekt abschließen. Für einen Preis reicht es zwar nicht, aber wir haben es geschafft, unser Werk und damit auch das Schaffen des Skyrunners einem breiten Publikum zugänglich zu machen und damit auch noch auf Sympathie seitens der Zuseher zu stoßen. Viel mehr kann man sich einfach nicht mehr wünschen ...

Tour des Andes

Sieben Tage – Zehn Sechstausender

Der Plan

Getreu seinem Motto „Seien wir realistisch – fordern wir das Unmögliche“ startete Stangl am 21. Jänner 2005 ein neues Skyrun-Projekt. Die Aufgabenstellung war einfach definiert: Innerhalb von zehn aufeinanderfolgenden Tagen auf zehn Gipfeln über 6.000 Meter zu stehen. Dazu einige Details: 600 km nördlich vom Aconcagua, in der Puna de Atacama, steht der höchste Berg Chiles, der Ojos del Salado mit 6.893 Metern. Um diesen Berg gibt es im näheren Umfeld 13 weitere Sechstausender. Im Detail sieht das so aus: Auf einer Fläche von ca. 6.400 Quadratkilometern gibt es 14 mögliche Ziele. Sieben Sechstausender sind Grenzberge, fünf stehen in Chile, zwei davon auf argentinischem Boden. Basis für alle Besteigungen war die alte Polizeistation „Refugio Murray“ an der Verbindungstraße zwischen Chile und Argentinien. Zwangsläufig sollte es auch zu Doppelüberschreitungen bzw. beim Ojos del Salado, El Viento und El Muerto sogar zu einer Dreifachüberschreitung kommen. Um das Projekt „fließend“ zu gestalten, fiel Christians Freundin Birgit Rinner eine bedeutende Rolle, jene der „Tourassistentin“ zu: Sie hatte das Logistikproblem zu lösen, also die tägliche Verlegung der Basecamps, hatte die Verantwortung für Verpflegung und Transporte – durch Treibsand und andere Widrigkeiten – und sie sollte jeden Abend per GPS-Daten punktgenau „irgendwo in der Wüste“ landen. Ein tägliches Update mittels Satellitentelefon versorgte Dr. Ernst Wilde mit aktuellen Infos zur Tour – als zentrale Pressestelle dokumentiere er den Fortschritt im „Sechstausender-Gipfeltakt“. Hier Auszüge aus den Tagesprotokollen:

10 x 6.000 in 7 Tagen

2. Februar 2005, 12:55 Uhr

Wir sind nun bereits in Copiapó und werden mittels Jeep voraussichtlich am Mittwoch in das Zielgebiet aufbrechen. Der chilenische Fernsehsender TVN hat eine Ausstrahlung über den neuen Rekordversuch und generell zum Thema „Skyrunning“ zugesagt. Unser Mittelsmann hier in Chile, der aus Hall bei Admont stammende Engelbert Egger, plant darüberhinaus zusammen mit einem anderen Fernsehsender eine Live-Übertragung eines „Skyruns“ im Süden von Chile. Nicht sehr erfreulich sind die Nachrichten über die derzeit sehr schlechte Wetterlage um den Ojos del Salado. Aber wenn es lange schlecht war, kann es nur noch besser werden!

7. Februar 2005:

Den Tupungato (6.570 Meter) haben wir am 2. Februar erfolgreich über die Westflanke bestiegen.

8. Februar 2005: Wie beleget man einen derartigen „Skyrun“?

Ich werde dazu drei Methoden verwenden, das ist zum einen die „Track“-Aufzeichnung mittels GPS. Im Unterschied zu einer „Punkt“-Aufzeichnung ist ein „Track“ nicht manuell veränderbar. Die Satelliten geben Position und Zeit vor. Ich werde also immer kurz vor Erreichen eines Gipfel das GPS ein- und kurz danach wieder ausschalten. Eine komplette Trackaufzeichnung ist aufgrund der Speicherkapazität des GPS und der Lebensdauer der Batterien nicht möglich. Mein GPS-Modell kann maximal 10 Tracks abspeichern. Leider fordern lange Trackaufzeichnungen sehr viel Speicherplatz, die zuerst aufgenommenen Tracks werden dabei wieder überschrieben. Daher habe ich mein GPS registrieren lassen, um später im Zweifelsfalle alle meine angelaufenen Positionen und Zeiten von der Firma Garmin rekonstruieren lassen zu können. Zweitens werde ich (gute Sicht vorausgesetzt) immer ein Bild vom jeweiligen Gipfel in Richtung „Ojos del Salado“(höchster Berg der Gruppe) machen. Dabei werde ich mich im Vordergrund platzieren. Auf dem eingelegten Speicherchip wird Datum und Zeit mit dem Foto abgespeichert. Auf dem Ojos del Salado selbst sollte ein „normales“ Gipfelfoto Beweis genug sein. Die übliche Methode ... Und zum dritten, falls alle Technik versagen sollte, werde ich je eine plastifizierte Visitenkarte auf dem Gipfel zurücklassen. Fundamentalistische Umweltschützer mögen mir verzeihen ...

Beim Run zum Ojos del Salado in Chile

11. Februar 2005: Start der Tour des Andes!

Über 11 Stunden auf den Beinen bei Doppelüberschreitung der Berge Nevado el Fraile (6.061 Meter) und Incahuasi (6.621 Meter)! Weil ich mich in sehr guter körperlicher Verfassung fühlte und das Wetter auch optimal erschien, nahm ich mir gleich zwei Berge zum Anfang vor: den Nevado el Fraile mit 6.061 Metern und den Incahuasi mit 6.621 Metern. In Luftlinie liegen die beiden Gipfel der Berge 8,43 Kilometer (GPS) auseinander. Start war um vier Uhr Ortszeit. Birgit gab das Startsignal (sie ging zum Sattel zwischen den beiden Bergen, wo wir uns kurz treffen wollten). Das Gelände war nicht sehr schwierig, viel Geröll und Steine, jedoch keine größeren Schwierigkeiten, kleinere Schneefelder, wo ich dann Eisen trug. Um 7.07 Uhr war ich dann auf dem Gipfel des Fraile, 1.000 Höhenmeter hinter mir und geschätzte 15 Kilometer. Den Incahuasi – mein nächstes Ziel – sah ich in acht Kilometer Entfernung aufragen. Nun ging's holterdiepolter runter zum Sattel. Dort eine kurze Verschnauf- und Esspause mit aufmunternden Worten von Birgit. Um 8.15 Uhr ging's weiter zum Incahuasi.

Der war schon ein wirklich dicker Brocken: mit großen Schneefeldern unterm Gipfel und auch leichtem Schneetreiben dazu. Um 13.13 Uhr stand ich auch dort auf dem Gipfel. Der Ausblick war gigantisch. Ein Dutzend Sechstausender waren zu sehen. Doch die Höhe (6.681 Meter!) ließ mich nicht lange schwärmen. Ich musste absteigen. Gut, dass es am Anfang gleich so gut lief. Insgesamt also 11 Stunden und 15 Minuten.

12. Februar: San Francisco

Den San Francisco mit 6.018 Metern erlief ich in knappen drei Stunden. Insgesamt auf den Gipfel und retour in fünf Stunden. Der San Francisco war zum Kraftsammeln gedacht: Denn morgen steht wieder eine Doppelüberschreitung an.

13. Februar: Wieder eine Doppelüberschreitung! Fünf 6.000er in drei Tagen!

Dieses Mal standen der Cerro Peña Blanca (6.146 Meter) und der Ermitaño (6.020 Meter) auf meinem Skyrunning-Plan. Ich musste mich sehr stark vor der Kälte mit minus 15 Grad Celsius schon in 5.000 Meter Höhe schützen. Das Wetter war optimal: vormittags Sonnenschein, nachmittags etwas bewölkt und nachts schneite es. Und ich fühlte mich sehr gut. Die Akklimatisierung lag jetzt bei 100 Prozent. Die beiden Gipfel lagen in Luftlinie etwa sieben Kilometer auseinander. Die beiden Gipfel schaffte ich in neun Stunden und fünf Minuten mit etwa 2.000 Höhenmetern.

14. Februar: Vulkan mit Hindernissen: Cerro El Muerto (6.481 Meter)

Der Muerto war ein harter Abschnitt: zuerst eine sehr lange Strecke bis unter den Gipfel. Dort versperrten riesige Lavabrocken den Weg und vor allem auch die Sicht. Ich musste erst über GPS den Gipfel anpeilen, damit ich in die richtige Richtung weiterlaufen konnte. Aber dann hab ich den Gipfel doch gefunden und stieg sehr schnell wieder ab, da das Wetter umzuschlagen schien und ich noch drei bis vier Stunden bis zum Treffpunkt mit Birgit vor mir hatte. Alles in allem keine leichte Aktion. Dennoch fühle ich mich gut und werde morgen wohl einen Mega-Skyrun in Angriff nehmen mit einer Laufzeit von 15 Stunden!

Chri im Morgengrauen auf dem Nevado el Fraile | Suchbild: Wo ist das Basislager?

15. Februar: Ojos del Salado: höchster Berg Chiles

Heute stand der höchste Berg Chiles mit 6.893 Metern auf dem Programm. Extrem schwere Bedingungen: Es gab zwar blendenden Sonnenschein, aber je höher ich stieg, desto stärker wurde der Wind. Auf dem Gipfel blies mich der Wind fast in die unendlichen Weiten der Pampa. Ich gab den Plan, den Ojos zu überschreiten auf und stieg schleunigst wieder ab.

16. Februar: Nächste Doppelüberschreitung!

Den Vicuñias (6.067 Meter) und die Barranca Blanca (6.119 Meter) musste ich mir hart erkämpfen. Von der Barranca Blanca habe ich West-, Mittel- und Ostgipfel – alle über 6.000 Meter – erstiegen. Insgesamt bin ich jetzt 41 Stunden und 41 Minuten skyrunnend unterwegs gewesen.

17. Februar: Und dieses war der letzte Streich

Der zehnte Berg in sieben Tagen. Und mit dem Tres Cruces Sur mit 6.748 Metern der zweithöchste Berg der „Puna de Atacama" und zugleich der schwierigste für mich. Um fünf Uhr brach ich auf, um 12.15 Uhr (Ortszeit) war ich auf dem Gipfel! Davor musste ich kurz unter 6.700 Metern den Gipfel wieder suchen. Dennoch bin ich jetzt richtig happy. Statt der angekündigten zehn Tage, sind es jetzt sieben Tage mit zehn Gipfeln geworden ...

Anden Trilogie

2006 bereiste Stangl erneut den südamerikanischen Kontinent, wiederum mit dem Ziel eines Serienskyruns. Insgeheim spekulierte er damit, fünf Vulkane, allesamt über 6.000 Meter Seehöhe, innerhalb von 24 Stunden zu belaufen. Die Spekulation ging nicht auf: *Es hat einfach nicht richtig gepasst, vor allem der scharfe Wind machte mir zu schaffen, der brannte mich regelrecht aus und verursachte zudem eine schmerzhafte Entzündung der Augen ... aber: drei Mugel* (steirisch für Gipfel) *an einem Tag ist ja auch nicht so schlecht ...*
Am 28. Oktober machte er zunächst als „Warm-up-Tour" die Ojos del Salado-Überschreitung. *Vom Basislager „Refugio de Atacama" (5.200 Meter) auf den Gipfel (6.893 Meter) in vier Stunden und 52 Minuten und hinten runter nach Argentinien. Hier war sehr viel Schnee, besonders Büßerschneefelder, die für ein rasches Weiterkommen sehr hinderlich waren. Ich bin dann vom Pass „El Viento" wieder zurück nach Chile ins Basislager „Atacama".* Hier fasste er dann den Entschluss, die geplante Runde abzuändern. Auszug aus dem Tagebuch:

Drei 6.000er in 16 Stunden!

Die Wind- und Schneeverhältnisse waren alles andere als ideal, aber am 3. November 2006 ist das Projekt gelaufen. In exakt 16 Stunden und 16 Minuten auf drei 6.000 Meter hohen Gipfeln. Nach genauen Vorbereitungen (40 GPS Wegpunkte für die Nachtstrecken), ging es am 2. November um 21 Uhr los. Die Wegführung war den aktuellen Schneeverhältnissen angepasst und führte zuerst auf den San Francisco (6.018 Meter), dessen Gipfel ich um kurz nach Mitternacht erreichte. Nach dem Schnellabstieg gleich rauf auf den Cerro Vicuñas (6.067 Meter). Auf dem Gipfel bei Sonnenaufgang um 6.38 Uhr. Danach wieder runter und rauf auf den 6.011 Meter hohen Ostgipfel der Barranca Blanca. Mit der Tageserwärmung setzte sehr starker Wind ein und bremste meinen Vortrieb etwas. Es folgte der rund vier Kilometer lange Gipfelgrat hinüber zum Hauptgipfel der Barranca Blanca (6.119 Meter).

Auf dem Ojos del Salado | Unten: Barranca Blanca

Dazwischen lag auch der Zentralgipfel mit 6.037 Metern. Um 13.16 Uhr war ich auf dem Hauptgipfel. Ausreichend „Elektronik“ mit auf dem Weg. GPS am Handgelenk zur Navigation und Track-Log-Aufzeichnung, einen Datenlogger der Uni Innsbruck für Puls, Sauerstoffsättigung im Blut, Temperatur, Feuchte, Luftdruck (= Höhe). Alles in Allem war es doch ein bisschen härter, als ich mir das vorgestellt hatte. 6.200 Höhenmeter unter diesen klimatischen Bedingungen waren vor allem für meine Atemwege eine Tortur. Mit klassischem Bergsteigen lässt sich das keinesfalls mehr vergleichen. Selbst ich hatte hier noch gewisse psychische Probleme nach dem zweiten 6.000er zu sagen: So, und jetzt noch schnell rauf auf einen Dritten! Hier liegt noch gewaltiges Potenzial für die Zukunft. Und die beginnt ja bekanntlich jetzt!

Quod erat demonstrandum!

Es begann 2002 auf dem höchsten Berg Südamerikas. Den Aconcagua, normalerweise eine Drei-Tages-Tour, konnte ich damals in knapp viereinhalb Stunden bezwingen. In weniger als sechs Stunden war ich dann wieder im Basislager, gerade mal ein Viertel eines Tages war vergangen.
Fünf Jahre später nützte ich nun einen vollen Tag und bezwang vier Sechstausender hintereinander. Nonstop!
Der mathematische Beweis war erbracht:
Quod erat demonstrandum!

CS

Alles
Denkbare
ist
machbar
Kodak EPP 3411
Kodak EPP 3411

Carpe diem

Die Quadratur der Sechstausender

Bolivien 2008: Nach einer Reise im Vorjahr fand der Skyrunner aus Admont ebendort einen neuen Spielplatz für Serienbesteigungen von Sechstausendern. Im Grenzgebiet von Bolivien und Chile befinden sich auf einer Fläche von etwa 900 Quadratkilometern gleich fünf Sechstausender. Mit ein wenig Fantasie ließen sich diese Erhebungen in Kreisen, gezählte fünf, verbinden. Und weil zufällig im selben Jahr die Olympischen Spiele in Peking stattfanden, war die Idee naheliegend, fünf Sechstausender in in der konstruierten Form der Olympischen Ringe zu belaufen – und dies innerhalb eines Tages. Abgesehen davon drehte sich dieses alpine Experiment letztendlich nur um die Lösung der Frage: Wie viele Sechstausendmeter-Gipfel kann ein Mensch an einem einzigen Tag besteigen?

Die Bedingungen auf den schneebedeckten Vulkanen erwiesen sich in diesem Jahr aber nicht als sehr optimal – der Klimawandel hinterlässt auch auf über 6.000 Meter seine Spuren; verfrühte Büßerschneebildung erschwerte insbesonders die Abstiege erheblich (geplant war, die Retourgänge am Hintern rutschend hurtig abzufahren), sodass sich der Kreis der fünf Ringe nicht vollständig schließen ließ. Stangl nützte den Tag dennoch und machte aus dem olympiaverdächtigen Rekord die „Quadratur der Sechstausender." Mit von der Partie waren wieder Birgit, die als Tourmanagerin fungierte, sowie Raimund Reiter, der als geländegängiger Kameramann das „Carpe diem-Projekt" für die Nachwelt mit „laufenden Bildern" konservieren sollte. Er wird in der Folge davon erzählen, doch zunächst ein kurzer Blick in Christians Protokoll:

KNAUF

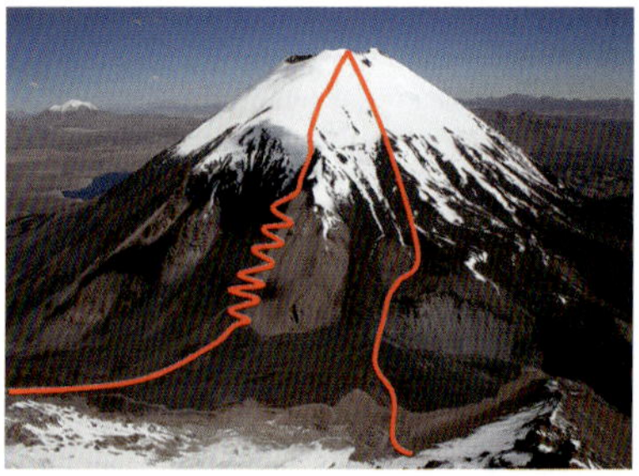

Parinacota | Pomerape | Acotango | Guallatiri

No. 1: Parinacota (6.330 Meter)
Startpunkt war der 16. Mai um zwei Uhr morgens. Vor dem ersten Licht des Tages erreichte ich den Gipfel des Parinacota. Superleichte Ausrüstung sowie perfekte Kondition und Akklimatisation machen es möglich, einen solchen Berg in weniger als vier Stunden zu besteigen – normalerweise wird ein Hochlager mit zwei Anstiegstagen veranschlagt. Nach einem Schnellabstieg ging es zu dem technisch anspruchsvolleren Pomerape.

No. 2: Pomerape (6.240 Meter)
Eine Tausendmeter-Flanke mit bis zu 50 Grad Neigung führte zum Gipfel. Kurz nach zehn Uhr stand ich auf dem zweiten Gipfel. Der Abstieg über den Südgrat bis hinunter auf 4.800 Meter Seehöhe erforderte wegen der Steilheit noch einmal ganze Vorsicht.

No. 3: Acotango (6.040 Meter)
Als Berg Nummer drei nun der Acotango. Ich fühlte mich noch gut in Form, kein Leistungseinbruch war zu verspüren. Noch vor Sonnenuntergang erreichte ich den Gipfel und der Abstieg begann Richtung Chile.

No. 4: Guallatiri (6.052 Meter)
Bei Erreichen des Bergfußes des Guallatiri wurde es Nacht, dass sollte aber nicht weiter stören. Da es sich um eine Ostflanke handelte, es zudem keine Bewölkung gab und die ganze Aktion kurz vor Vollmond durchgeführt

wurde, kam jetzt das schwache Licht des Vollmondes planmäßig zum Einsatz. Das war bitter nötig, denn im unteren Teil des aktiven Vulkanes gibt es riesige Felsblöcke die bis zu fünf Meter hoch sind und umgangen werden müssen. Ab 5.500 Meter Höhe folgt dann Schnee. Knapp fünf Stunden dauerte der Anstieg, ehe ich kurz nach 23 Uhr den Gipfel erreichte. Zeit für große Emotion blieb nicht. Zu kalt. Die ultraleichte Ausrüstung lädt zudem nicht zum Verweilen unter solchen unwirtlichen Umweltbedingungen ein. Der Abstieg stand noch bevor. Genau 22 Stunden und 13 Minuten nach Aufbruch im Basislager des Parinacota traf ich im Basislager des Guallatiri ein. Als „Belohnung" gab es nächsten Morgen ein Bad in den nahen Thermalquellen.

Das Rennen lief von Anfang bis Ende äußerst präzise und kontrolliert. Christian startete bewusst langsam und achtete auf ein gleichmäßiges Tempo. So kam es auch gegen Ende hin zu keinem Leistungseinbruch.

Mit diesem Serien-Skyrun gelang es ihm, den alten Rekord aus dem Jahre 2006 noch zu verbessern. Einmal mehr zeigte das Experiment auch, dass akribische Planung und zielorientiertes Training die Leistungsspirale nach oben offen lässt, und Stangl ist sich sicher, dass sich bei optimalen Bedingungen der neue Rekord – mit einem fünften Sechstausender – toppen lässt. Dann, sagt er, darf ich mich zu den Superschnellen zählen ...

Anstrengende Verfilmung

Wie schon bei der „Jogging-High-Tour" verfilmte der Admonter Kameramann Raimund Reiter, diesmal im Auftrag der Mammut Sports Group, das erfolgreiche Experiment. Um alle Szenen richtig einzufangen, wurden die Filmarbeiten vor dem eigentlichen Projekt erledigt.

Rechts: Szenen aus der „Carpe diem-Tour"

Szenenbild auf dem Gipfelplateau des Pomerape, im Hintergrund der Parinacota

Raimund stand mit schwerem Equipment letztendlich ebenfalls auf allen vier Gipfeln. Mehr als zwei Wochen wurden explizit dazu verwendet, um die Aktion filmisch umzusetzen. In der Folge einige Gesprächsausschnitte mit Raimund:

Nach der „Jogging-High-Expedition" im Jahr 2003 bist du wieder mit Chri auf Filmreise gegangen. Was war diesmal die Herausforderung?
Die Zeit. Damit im späteren Filmschnitt die Sequenzen chronologisch korrekt ablaufen, mussten wir penibel aufs Timing achten. An den entsprechenden Locations angekommen, war rasches Drehen gefordert: Christian hat ja immer wenig Kleidung an, deshalb mussten die einzelnen Passagen sehr schnell gehen, damit er sich nicht weiß ich was abfriert.
Wie ist das? Du hast ja im Zuge der Aufnahmen selbst alle vier Gipfel bestiegen. Hast du dafür speziell trainiert?
Nein, ich hatte ja auch keinen Rekord zu brechen, aber etwas mehr Kondition hätte trotzdem nicht geschadet. Am Tag der Serienbesteigung wollte ich auf dem letzten Berg, dem Guallatiri, auf Chri warten. Da war ich aber zu langsam, denn auf der Flanke unterhalb des Gipfelgrates hat er mich – obwohl er schon drei 6.000er in den Beinen hatte – trotzdem eingeholt. Nur mit Mühe habe ich dann sein Tempo mithalten können.
Inwieweit hast du deine Ideen als Kameramann eingebracht, seid ihr da nach einem Drehbuch vorgegangen?
Das Drehbuch gab´s im Kopf. Christian ist ja einer, der seine Unternehmungen monatelang vorbereitet und sich intensiv mit den verschieden Abläufen auseinandersetzt. Trotzdem ergaben sich viele Sequenzen auch

Drehtag im Lager am Fuß des Pomerape | Interview im Zelt | Der Skyrunner als Salzschaufler

aus der jeweiligen Situation heraus – wenn gerade Licht und Kulisse optimal waren, wurde außerplanmäßig gedreht. Also da mischte sich auch viel Flexibilität mit hinein, und sobald es „Klappe!“ hieß, war Christian voll konzentriert und spielte alle Stückerl, die man von ihm verlangte.

Also alles ohne Zwischenfälle und Probleme verlaufen?

Während der Dreharbeiten gab es nur am Acotango einen heiklen – sprichwörtlichen – Vorfall: Beim Wechsel der Kameraposition hatten sich meine Steigeisen in den Gamaschen verheddert, worauf hin ich so ungünstig gestürzt bin, dass ich wie ein U-Haken auf dem Grat zu liegen kam. Mit der Kamera in der Hand ... Christian musste zu Hilfe eilen. Wirkliche Probleme verursachte eher die Technik: Die niedrigen Temperaturen machten dem Gerät zu schaffen, und vor allem die extrem schwierigen Lichtverhältnisse vom Morgengrauen bis zur Dämmerung führten zu einem qualitativ wenig zufriedenstellenden Ergebnis. Schlussendlich wurde ein Trailer daraus, den Chri bei seinen Vorträgen verwendet.

Also waren die 14 Tage nicht ganz umsonst?

Nein. Außerdem hat sich Christian schon bei den „Filmbegehungen“ für den eigentlichen Skyrun ja optimal vorbereiten und auf die einzelnen Gipfel perfekt einstellen können. Dabei war auch schon abzusehen, dass der geplante fünfte 6.000er bei diesen Bedingungen voraussichtlich verwehrt bleiben würde. Während Birgit und ich die Logistik von einem Standort zum anderen übernahmen, zog er nichtsdestotrotz seinen Lauf souverän durch und hatte vier Gipfel innerhalb von 22 1/2 Stunden absolviert. Allein der neue Rekord war jeden Aufwand wert.

Und dann ab nach Hause?

Ja, mit Hindernissen. Die erwähnte Logistik, das Wechseln der Lager und vor allem die Fahrten zwischen den einzelnen Bergen sind ja eine separate Herausforderung. Wir waren diesbezüglich ja schon bei der „Jogging-High-Tour“ hart geprüft worden. So auch diesmal. Da hat sich unser Jeep in einem Salzsee bis zur Bodenplatte eingegraben, es dauerte zwei Tage, bis wir das Gefährt wieder befreien konnten.

Sicherheit Pro und Contra!

„Schnelle Bergsteiger, egal welcher Stilrichtung, argumentierten immer damit, dass „Schnellsein" gleich Sicherheit bedeutet. Grundsätzlich richtig, dennoch bin ich der Meinung, dass „Sicherheit" sich zum Großteil aus ganz anderen Faktoren ergibt. Sportliches Höhenbergsteigen im Falle Skyrunning hat nicht vorrangig das Erreichen eines hohen Gipfels zum Ziel. Das bedingt, dass nicht jeder Gipfel auf „Gedeih oder Verderb" erreicht werden muss. Geht der erste Versuch daneben, folgt eben ein zweiter. Skyrunning kann hier als „experimentelles Bergsteigen" betrachtet werden.

Aus meinen eigenen Erfahrungen werden „Skyruns" weitaus präziser geplant als eben „nur normale" Besteigungen. Besonderes Augenmerk erhält die Ausrüstung. Kaum ein Teil, das hier nicht modifiziert wird. Gewicht zu sparen ist wichtig, aber wie weit ist das im Sinne der Sicherheit wirklich vertretbar? Bei einer Speedbegehung auf den Elbrus in Russland brachen beim Abstieg vier Zacken der Aluminiumsteigeisen. Nicht, dass Aluminiumsteigeisen generell schlecht wären, aber tiefe Temperaturen und hartes, sprödes Eis zeigen dem Material die Grenzen auf. Die Wahl des Schuhwerks ist zudem eine eigene Wissenschaft. Aber auch hier gilt generell: Was ist gerade noch an Wärmeleistung vertretbar, und was kann man wirklich einsparen? Auf dem Mount Everest schnitt ich teilweise die Profilgummisohle von meinen Schuhen – aus gutem Grund, denn der Gummi trägt nur unwesentlich zur Wärmeleistung des Schuhs bei und ich wusste ohnehin im Vorhinein, dass ich vom Basislager bis zum Gipfel die Steigeisen kein einziges Mal abnehmen würde.

Speziell an den hohen Bergen ist Erfolg oder Misserfolg von gutem Wetter abhängig. Je nach Geschwindigkeit der Besteigung braucht man mehr oder weniger lang andauernde Schönwetter-Fenster. Klassische Besteigungen von sehr hohen Bergen benötigen brauchbares Wetter von vier bis sechs Tagen. Eine Sechs-Tage-Prognose, meist via Satellitentelefon angefordert, birgt naturgemäß gewisse Unsicherheiten. Bei „Ein-Tages-Begehungen" reduzieren sich falsche Prognosen fast gegen Null. Ja, es kann sogar teilweise überhaupt auf Fremdprognosen verzichtet werden, da in den meisten Fällen ein Blick zum Himmel genügt. Wann ein „Skyrun" gestartet wird, bleibt somit eine Sache des Hausverstandes und der persönlichen Wettereinschätzung."

CS

Lawine auf dem Mount Logan

Skyrunning auf den 6.000ern der Anden

Erkenntnis

Wenn ich eines Tages ruiniert bin und alles verloren ist,
wenn alles schiefgeht und die Welt im Chaos versinkt,
wenn nichts mehr geht und ich am Ende des Daseins
angekommen bin ...
... dann nehme ich mein Wagerl, zieh es durch die
Atacama – und alles ist wieder gut!

CS

Vom Winde verweht

Die Anden Traverse

Die Reduktion auf das Wesentliche

Vom Reiz des Unmöglichen

Christian Stangl hat die technisch schwierigsten Wände durchklettert, die höchsten Berge der Welt bestiegen und Serienbesteigungen in Rekordzeiten vollbracht. In den zahlreichen Gesprächsaufnahmen zu diesem Buch glänzte er dabei stets durch seine nüchterne Art, die Dinge analytisch und pragmatisch zu beschreiben. Doch als das „Kapitel Atacama“ aufgeschlagen wurde, zeigte sich der „Alpine Superstar“ ungewohnt anders: tiefsinnig, ehrfürchtig und emotional sichtlich berührt. Der 900 Kilometer lange Marsch durch „den trockensten Landstrich der Erde“ hat, wie auch die scheinbare Unendlichkeit der Wüste, das Bewusstsein des Skyrunners erweitert.

Der Plan zu diesem Unternehmen wurde am anderen Ende der Welt, im Basecamp des Dhaulagiri geboren. Dort war Stangl zu tagelangem Nichtstun verdammt, verbrachte „eine halbe Ewigkeit“ im Zelt, wo er mehr als gewollt Zeit hatte, über Gott, die Welt und eben über eine (un)mögliche Längsdurchschreitung der Atacama zu sinnieren. So begann er, die Traverse akribisch zu planen und fertigte unter anderem exakte Skizzen des zum Einsatz kommenden Ziehwagens an. Zurück in seiner Heimat konstruierte er in Zusammenarbeit mit dem Fahrradfachhändler Vasold in Liezen und Rudi Michalits, einem Spezialfahrradkonstrukteur aus Eisenerz, einen eigenen Ziehwagen, ausgelegt auf mindestens 120 kg Traglast.

34 Tage endlose Weite, Wind und Einsamkeit ...

Schnee als Trinkwasserreserve – deshalb plante Stangl die Traverse am Ende des Südwinters

Die stabile Starrachse stammte von einem alten Rollstuhl, und das Vehikel wurde als duales Zweckgerät ausgelegt: einerseits als Ziehwagen (für Sandpassagen) andererseits als Ziehschlitten (für Schneepassagen). Erste Erkenntnis: Selbst bei Testfahrten auf „Meeresniveau" wirkte ein Zusatzgewicht von 120 kg äußerst ermüdend. Nach einigen Probefahrten wurde der Wagen mehrmals modifiziert, denn der Traversierer wusste: Das Ding darf einfach nicht kaputtgehen! Ein weiteres Problem stellte die Route an sich dar, da von der gut 1.000 Kilometer langen Passage kein „verlässliches Kartenmaterial" vorhanden ist. Stangl hielt sich großräumig an die argentinische Seite des Andenhauptkammes, behalf sich mit alten argentinischen Militärkarten und erstellte eine Mappe mit Satellitenaufnahmen. Mit Ausnahmen – z. B. 180 Kilometer wegen Umgehung von 5.000 Meter hohen Vulkanen – kam er damit grundsätzlich gut zurecht, dennoch blieb die Orientierungsfrage eine täglich wiederkehrende Herausforderung.

Irgendwo ... | Rasttag an einer Quelle | Im staubtrockenen Zentralteil der Puna

Zieldefinition

Ziel dieser Unternehmung war die erste Längsüberschreitung der Anden entlang des Hauptkammes vom Paso Socompa bis zum Paso Agua Negro. Zu Fuß, ohne Fremdunterstützung und ohne Depots. *Nach längeren Nachforschungen stellte ich fest, dass es erst einen Versuch einer Längsüberschreitung gegeben hatte. Ein Chilene ging damals zu Fuß rund 450 Kilometer von Calama zum südlichen Ende der Puna.* Die geplante Route des Steirers: Vom Paso Socompa hart süd bis zum Paso San Francisco. Dieser Abschnitt führt durch die „Puna de Atacama," einer Hochwüste mit ca. 4.200 Meter Durchschnittshöhe. Der zweite Teil führt durch die „Zentralanden" mit Passhöhen bis zu 5.700 Metern. Die gesamte Route führt durch einen menschenleeren und fast vegetationsfreien Korridor von 1.000 Kilometern Länge und ca. 400 Kilometern Breite. Christian rechnete mit einem Zeitaufwand von rund 40 Tagen und listete hierfür auf: 40 kg Essen, 15 Liter Brennstoff, 15 kg Ausrüstung, 30 Liter Trinkwasser. *Wenn der Wettergott es will, lässt er es hin und wieder schneien und man kann Trinkwasser quasi entlang des Weges finden ...* Auch die taktische Überlegung, die Tour am Ende des dortigen Südwinters zu unternehmen erwies sich als klug: tatsächlich ging seine Rechnung mit auftretenden Schneepassagen auf. Und Stangl kalkulierte weiter: *Ein Mensch meiner Größe und Statur braucht im Schnitt 2.800 kcal täglich. Bei 10 Stunden körperlicher Arbeit* (Ziehen eines Schlittens), *tiefen Temperaturen und in großen Höhen in etwa 6.000 kcal. Bei 40 Tagen ergibt das 240.000 kcal. Der Großteil meiner Verpflegung wird somit aus Fett bestehen. Fett hat die größte Energiedichte und die geeignetsten Lieferanten sind Olivenöl, Speck, Nüsse und Butter. Kohlehydrate in Form von Nudeln und Mehl sind ebenso wichtig, weil sonst das Fett nicht richtig „verbrannt" werden kann. Ein Mix aus Vitaminen und Mineralstoffen werden die leckeren Menüs abrunden.*

Start in die unendlich Weite

Am 11. September 2005 ging es nach einigen Schwierigkeiten los. Auf der Fahrt zum Paso Socompa war während der Nacht der Jeep eingefroren, eine bekannte Situation aus dem Jahr 2003, ebenfalls in der Puna de Atacama. Am vorgesehenen Ausgangspunkt in rund 3.700 Metern Höhe kehrten Christians Freunde um: *Irgendwann verschwand das Fahrzeug, wenig später war auch keine Staubwolke mehr zu sehen. Dann stand ich da. Mein Wagerl neben mir. Ich drehte mich um 360 Grad und dachte: Boah – da ist nix, gar nix! Und da hat sie mich erwischt, die Angst. Es durfte einfach nichts Außerplanmäßiges passieren.*
Die ersten Tage verliefen dann auch überhaupt nicht nach Plan. Der feine tiefe Sand ließ ihn nur mühsam vorankommen. Er „kämpfte wie ein Gladiator" mit dem schweren Ziehwagen, schaffte aber gerade 10 Kilometer in acht Stunden, an einem Tag überhaupt nur zwei Kilometer, also weit entfernt von den vorgenommenen 30 Kilometern pro Tag – und dies anfänglich unter enormen Schmerzen. Ein Schneesturm ließ Chri einen weiteren Tag im Zelt festsitzen. Ohne Sicht war es unmöglich den richtigen Weg zu finden. Das vor ihm liegende Gelände verhieß nichts Gutes. Manche Streckenabschnitte musste er öfters in Angriff nehmen, da er das gesamte Material von 120 Kilogramm nicht auf einmal transportieren konnte. Nach fünf Tagen gab es kein Weiterkommen mehr. Unüberwindbare Hindernisse versperrten ihm den Weg. Er musste wieder zurück, die ganze Strecke fast bis zum Paso Socompa. Was aber nicht das Ende der Expedition bedeutete, sondern einen neuen Versuch in einem Tal weiter östlich. Dort gelangte er zu einem 150 Kilometer langen Salzsee, den Salar de Arizaro. Hier kam er wesentlich schneller voran und schaffte ca. 80 Kilometer in zwei Tagen. Der nächste Gebirgszug war noch 30 Kilometer entfernt. Das Wasser wurde schon knapp ...

Eintrag 25. 9. 2005

Nachdem ich den Salar de Arizaro durchquert hatte, kam ich über einen 4.500 Meter hohen Pass zurück auf die geplante Route. Das Wasserproblem hat sich für die nächsten Tage erledigt. Doch der Hunger ist ein ständiger Begleiter geworden. Die Tagesrationen sind genau eingeteilt, mehr als das Vorgesehene darf ich nicht essen. Vor allem träume ich schon von einem guten Essen, von was anderem als von Nudeln, Butter, Speck und Olivenöl, die seit zwei Wochen täglich auf dem Speiseplan stehen. Momentan ist es auch schon sehr schwer, sich zu motivieren. Trotz eines Tagesmarsches von 30 Kilometern verändert sich die Landschaft nicht. Das geht nun schon seit drei Tagen so, und drei Tage liegen noch vor mir, bis sich das Gelände wieder ändern wird. Ein ständig anhaltender, starker Wind vereinfacht die Sache kaum. All das schlägt sich schwer auf die Psyche.

wüste Erfahrung

Irgendwann stehe ich da und bemerke, dass mir die Einsamkeit und die endlose Weite der Wüste zeigt, was wesentlich und was unwesentlich ist. So wird ein Schutz gebender Stein in der windgebeutelten Landschaft zur Luxusherberge.

Eine Maus kreuzt meinen Weg: Woher kommt sie, wohin geht sie, wovon ernährt sie sich, weiß sie die nächste Wasserstelle? Das sind die wirklich essentiellen Fragen des Lebens!

Die Menschheit strebt nach der Anhäufung materieller Werte – das ist hier hinfällig. Ich habe nur einen Teller mit, und ich würde nicht satter werden, wenn ich einen zweiten durch die Wüste des Daseins schleppte.

CS

In der Nähe des Paso San Francisco: Zwei Tage lang stand diese Wolke am Himmel

Christian befand sich nun 80 Kilometer Luftlinie nördlich vom Paso San Franzisco entfernt, wobei der Weg – entgegen seinen Hoffnungen – nicht einfacher wurde. Es hatten sich auch einige Unannehmlichkeiten dazugesellt, vor allem der Sand befand sich bereits in der gesamten Ausrüstung, was zur Folge hatte, dass die Reißverschlüsse von Zelt, Schlafsack und Gewand nicht mehr funktionierten, die Düsen des Kochers ständig verstopft waren, die Luftpumpe nur teilweise funktionsfähig war und sich auch die Radpannen zunehmend häuften. Der einzige Pluspunkt war, dass Chri in dieser menschenleeren Gegend so laut fluchen konnte, wie er wollte. Besonders der permanent starke Wind, der 34 Tage lang kaum eine Minute lang Pause machte, nagte am Nervenkostüm. Chri vermerkt dazu: *Der konstant starke Wind, den die Argentinier den „Besen Gottes" nennen, gepaart mit der Geografie der Puna, die kaum Schutz vor den bewegten Luftmassen bietet, treiben mich fast in den Wahnsinn. Man muss so höllisch aufpassen, dass das Zelt während eines Auf- oder Abbaues nicht weggeweht wird – die stürmischen Böen reißen alles mit, was nicht niet- und nagelfest ist. Ohne Schutz vor dem Wind habe ich hier keine Chance mehr!*
Zudem fiel sein Körper in eine Phase des Übertrainings, was schlaflose Nächte und Appetitlosigkeit zur Folge hatte. Er schaffte es kaum, die erforderlichen Kalorien (ca. 6000 kcal) für den Tag zusammenzubekommen. Daher wollte er bei der nächsten Wasserstelle einen Rasttag einlegen. Der Weg dorthin erforderte jedoch eine starke Psyche und endlich angekommen, stellte sich die Frage, ob das Wasser auch genießbar war, immerhin wusste er, dass das flüssige Nass mitunter stark arsenverseucht sein konnte.

So schritt er die Quelle im Umkreis von mehreren Kilometern auf der Suche nach Tierkadavern ab – hätte er solche gefunden, wäre dies auch sein Verderben gewesen. Er fand nichts, trank ausgiebig und füllte seine Behälter mit dem fahl schmeckenden Wasser. Der folgende Tag hatte wieder eine Überraschung parat. Es galt, einen Salzsee zu queren, dessen trockene, krustige Salzschicht mühsam zu beschreiten war, und in die er immer wieder einbrach. Nur mit viel Kraft konnte er sich bzw. den schweren Wagen wieder aus den Schlammlöchern befreien. Es gelang ihm nicht, das Eintreten von Salzwasser in den Wageninhalt zu verhindern, Teile der Vorräte waren damit weitgehend ungenießbar ... Nach dieser Tortur folgte zwei Tage lang Steilgelände, die Tageskilometer reduzierten sich demgemäß erheblich. Dazu der Eintrag vom 14. Oktober: *Die Traverse ist vorbei! Ich bin nach 34 Tagen und 900 Kilometern in die Zivilisation zurückgekehrt. Nach meinem Essensverlust durch den Unfall am Salzsee war ich gezwungen, sechs Tage früher als geplant nach Osten zu marschieren, um den Ort Fiambalá zu erreichen. Bis ich wieder die Zivilisation erreichte, war es ein „Kampf bis zur letzten Nudel". Von den 40 Kilogramm an Essen blieben mir bis zum 34. Tag 750 Gramm Pasta, etwas Polenta und knapp 100 Gramm Butter. Ich verschlang an die 6.000 kcal täglich und ich verlor trotzdem sechs Kilo Körpergewicht.*

Anfänglich hatte der in der Landschaft verlorene Weitwanderer Schwierigkeiten mit der Einsamkeit und empfand sie mitunter als bedrohlich – gegen Ende hin schlug dies jedoch in das Gegenteil um. Zunehmend fand er Gefallen an Hunger und Kälte, vor allem aber am Alleinsein in der ewigen Weite. *Ein Marsch wie dieser reduziert das Leben auf das Wesentliche, der Weg durch die Einsamkeit führt direkt in das Innerste des Menschen und der Gang ins Ungewisse fördert eine unbegrenzte Sicht der Welt. Es war ein großartiges Abenteuer, begleitet von grandiosen Naturschauspielen und Landschaftsformen! Ich komme wieder ...*

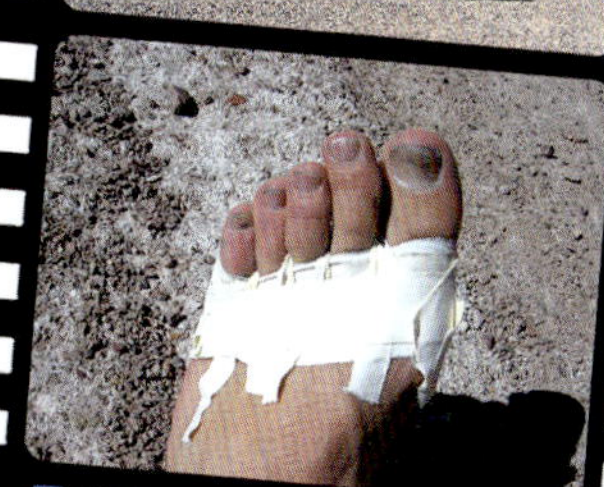

ZONE

Die Macht der Zahlen

Alle Rekorde im Gesamtumfeld des Alpinismus stehen in einem ständigen Spannungsfeld. Beim Bergsteigen gehe es niemals um Rekorde oder um Verbesserungen im sportlichen Sinne meinen die einen. Die Mehrheit scheint dieser Gruppe anzugehören. Bei genauerer Betrachtungsweise ist dies aber nicht so. Zahlen sind, als Möglichkeit der Vergleichbarkeit, sehr stark in unserem Denken verwurzelt. Eine Aussage wie „Ich habe in einem Sommer vier Dreitausender gemacht." hat mehr Möglichkeit zum Leistungsvergleich in sich, als man vielleicht im ersten Augenblick denkt.
Bei „Sammlern" beschreibt die höhere Zahl den leistungsfähigeren Alpinisten. Egal, ob es die Anzahl der Gipfel oder die Höhe der Gipfel betrifft – je höher die Zahl, desto besser. Bei „Jägern" ist die niedrigere Zahl von Relevanz. z. B.: „Ich habe den Aconcagua in weniger als soundsoviel Stunden vom Basislager aus gemacht." Zahlen sind beim Bergsteigen allgegenwärtig. Wer im Zusammenhang mit Bergsteigen auch nur eine Zahl erwähnt, sei es die Höhe eines Berges, den Schwierigkeitsgrad oder auch nur die Anzahl der Gipfel, gibt bewusst oder auch unbewusst ein Maß seiner Leistungsfähigkeit weiter.

CS

Das Maß der Dinge ...

7 Summits Speed-Projekt

Das „Seven Summits Speed-Projekt“ war kein von Anfang an geplantes Vorhaben. Erst nachdem Christian Stangl vier Summits im Skyrun-Stil verbuchen konnte, beschäftigte er sich mit der Möglichkeit, auch auf den verbliebenen Gipfeln rekordverdächtige Fußabdrücke zu hinterlassen. Begonnen hat die Sammlung als Einzelunternehmen im Jahr 2002; damals belief er den 6.956 Meter hohen Aconcagua in vier Stunden und 25 Minuten. Mit diesem Rekord schaffte der Admonter erstmals den Schritt in die „öffentliche Wahrnehmung“. Die zweite Station (Kilimanjdscharo, 5.895 Meter, fünf Stunden und 36 Minuten) ergab sich 2004 im Rahmen einer Tour als Bergführer. Ähnlich wie 2006 am Elbrus (5.642 Meter, fünf Stunden und 18 Minuten), wo er ebenfalls für die Leipziger Agentur „Adventure Train“ als Führer angeheuert wurde, nutzte Stangl die Gelegenheit, um wie er sagt „a Hatzerl draufzulegen“ (Hatzerl: steirisch für Heizen, sinngemäß vergleichbar mit Rasen, also die besonders schnelle Zurücklegung einer Strecke). Im selben Jahr folgte jenes Projekt, dass den Steirer ins Licht internationaler Aufmerksamkeit rücken sollte: Er bestieg den Mount Everest in exakt 16 Stunden und 42 Minuten, oder: Basecamp – Summit – Basecamp in 22 Stunden und 30 Minuten! Damit wurde der höchste Berg der Welt erstmals ohne jegliche Fremdhilfe als Tagestour absolviert. Die so gewonnene Bekanntheit nützte Stangl auch kommerziell; von nun an war es etwas leichter, weitere Projekte – so auch die Vollendung der Seven Summits – über Sponsoring finanzieren zu können. Die verbliebenen Kontinentalspitzen Carstensz-Pyramide (4.884 Meter in 49 Minuten), Denali (6.194 Meter, 16 Stunden und 45 Minuten) sowie Mount Vinson (4.897 Meter, neun Stunden und 10 Minuten) folgten allesamt im Jahr 2007. Aufstiegszeit gesamt für alle sieben Gipfel: achtundfünfzig Stunden und fünfundvierzig Minuten!

Carstensz: auf der Spitze der Pyramide

Der alpine Zehnkämpfer

Das Reizvolle an den „glorreichen Sieben" ist weniger der Zeitfaktor, sondern die Vielseitigkeit der alpinen Herausforderungen. Allroundkönnen ist gefragt, da gilt es, sämtliche Diszipline gekonnt zu zelebrieren: Skifahrerische Qualitäten, gute Klettereigenschaften im Fels, perfektes Beherrschen der Steigeisentechnik und gute Laufleistung. Dazu kommen Höhentauglichkeit, eine gewisse Kälteunempfindlichkeit und – nicht ganz unwesentlich – die notwendige Fantasie in der Finanzierungsfrage.

Die Seven Summits waren kein von Anfang an geplantes Projekt; das eine ergab das andere, Zufälle spielten eine Rolle, und nicht zuletzt gingen auch meine Sponsoren ein weites Stück des Weges mit. Ich war nicht der Erste, dafür der bislang Schnellste, der „die großen Sieben" ohne Hochlager und ohne Sauerstoff gemacht hat.

Allrounder am Zenit

Cerro Aconcagua

Ein Laufziel für Sportliche

Im März 2002 bezog Christian Stangl im argentinischen „Plaza de Mulas“ erneut sein Basislager. Er kannte den Berg schon von früheren Begehungen, diesmal stand der Gang dorthin aber ganz unter der Prämisse, bestehende Zeitrekorde auf dem höchsten Gipfel Südamerikas zu unterbieten. Es sollte der Beweis erbracht werden, dass ein Einzelläufer ohne jegliche Fremdhilfe schneller sein kann als große Teams mit allen technischen, logistischen und medizinischen Möglichkeiten. Wie üblich, ging dem Projekt eine akribische Planungsphase voraus, respektive individuell gehaltene Trainingseinheiten:
Zuerst radelte ich von Admont nach Gibraltar (3.000 Kilometer in 21 Tagen), um die Körperproportionen zu optimieren, die Atmung zu verflachen und den Stoffwechsel zu beschleunigen. Anschließend folgte in der Sierra Nevada ein spezielles Berglauftraining und in den heimischen Gesäusebergen feilte ich noch ganz speziell an der anaeroben Ausdauer.
Der Akklimatisation wegen, quasi als „Warm-up-Tour,“ bestieg Christian in Begleitung seines Bruders Gerhard zunächst den 6.108 Meter hohen Gipfel des Marmolejo – und während Gerhard danach die Heimreise antrat, studierte Chri auf dem Aconcagua die gesamte Strecke hinsichtlich Steilheit, Bodenbeschaffenheit, absoluter Höhe, zu erwartender Winde und Temperaturen, Flüssigkeits- und Kleidungsbedarf sowie anderer wichtiger Kleinigkeiten. Dabei wurde auch der Ausrüstungsbedarf festgelegt: 1,2 Liter kohlenhydrathältige Getränke, Kohlenhydratkonzentrate, zwei

Blick vom 6.956 Meter hohen heiligen Berg der Inkas.
Für den Skyrunner war der Aconcagua der Auftakt zu den Seven Summits.

Schichten Zusatzbekleidung, zwei Stöcke, ein Walkman mit heißen Technorhythmen als Stimmungsmacher. Die mit Spikes besetzten Laufschuhe wurden zudem mit Stoffkleber zum Schutz gegen den kalten Wind präpariert.

Auf zum Gipfellauf

Der erste „Anlauf" resultierte bei vier Stunden und 47 Minuten, womit der alte Weltrekord des Brasilianers Josè Luiz Pauletto (1996, erster Einzellauf ohne Fremdunterstützung) um volle 42 Minuten unterboten wurde. *Doch ich wollte mehr und auch die Zeit der Franzosen* (Groupe Militaire de Haute Montagne – 1992, vier Stunden 36 Minuten) *einstellen.* Zunächst pausierte der Steirer jedoch, um in Mendoza anständig essen zu gehen! Aus diesem Erstversuch nahm Christian eine wertvolle Erkenntnis mit: Ein von ihm überholter Brasilianer beklagte trotz üppiger Daunenbekleidung die eisige Kälte. Grund dafür war, dass der an sich gut trainierte Alpinist häufig stehen blieb und so zunehmend abkühlte.

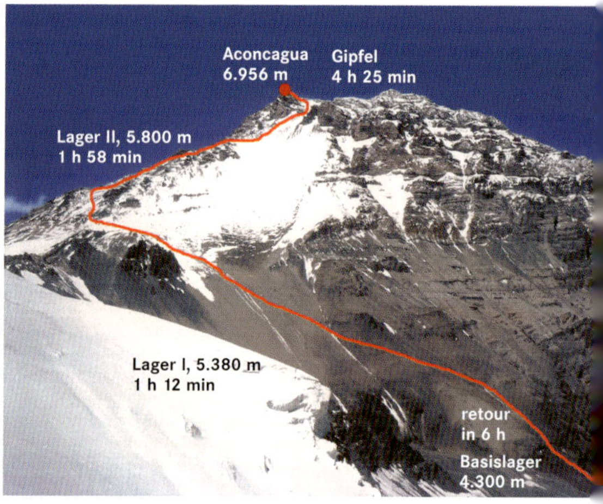

Links klassischer Ablauf, rechts im Vergleich die Skyrun-Daten

Der Skyrunner, vergleichsweise locker angezogen, zog den Anstieg ohne Halt durch, hatte dadurch einen Pulsdurchschnitt von 164 und war mit einem Engerieausstoß von etwa 300 Watt selbst bei niedrigsten Temperaturen warm genug, um problemlos den Gipfel zu erlaufen. *Das ist ja eh irgendwie logisch,* erklärt Stangl, *wenn ich daheim im Flanellpfoad Schnee schaufle, ist mir warm, wenn ich in der Daunenjacke herumsteh wird mir kalt!* So einfach können Lösungen sein.

Am 4. März 2002 folgte dann der eigentliche Rekordversuch. Er war fit und bestens akklimatisiert und wusste, wenn er die Canaleta, die Geröllfelder im Gipfelbereich richtig erwischte, konnte das Vorhaben gelingen. Seinen Lauf beschreibt er selbst so: *Ich startete um neun Uhr. Das kleine Bächlein im Basislager auf 4.300 Meter war die Startlinie. Anders als beim ersten Lauf wählte ich diesmal die direktere Linie Richtung Lager 1 und bediente mich mehr der „Nordic-Walking-Technik" und nicht der eigentlichen Lauftechnik. Ein Laufschritt war nur in ganz flachen Stellen, wie etwa auf dem Plateau Nido de los Condores oder auf der großen, waagrechten Traverse zur Canaleta möglich. Lager 2, also das „Berliner Lager" war nach einer Stunde und 58 Minuten erreicht. Zwei Minuten schneller als das Plansoll – das spornte an! Den Grat zwischen Nord- und Südgipfel erreichte ich nach vier Stunden und fünf Minuten. Normalerweise wären es nur mehr knapp fünf Minuten zum Gipfel gewesen, doch wegen des beinharten Schnees musste ich im Geröll neben der Spur im Schotter wühlen. Die letzten Meter sprintete ich zum Gipfel. Beinahe stürzte ich auf das kleine Aluminiumkreuz. Das Chronometer stoppte bei vier Stunden und 25 Minuten!* Der Abstieg (eigentlich Ablauf) wurde dann eine unerwartet trockene Angelegenheit: den während des „Auflaufs" im Berliner-Lager deponierten Hüftgurt inklusive Wasserreserve „entsorgte" ein umweltfreundlicher Bergkamerad.

Der mit Hilfen unterstützte Franzosenrekord wurde damit um neun Minuten unterboten (Christians Rekord blieb lange ungebrochen). Die Ziellinie im Basislager wurde sechs Stunden nach dem Start erneut überschritten und damit der Aconcagua in Form einer Vierteltageseinheit tour-retour bestiegen. Nun stellte sich die Frage: Was tun mit dem Rest des Tages? Die Antwort lieferte der Skyrunner spätestens mit seinen vier Sechstausendern an einem Tag ...

Uhuru Peak

Die schönste Berglaufstrecke der Welt

Der Kibo (= Der Helle) oder auch Uhuru Peak genannte Gipfel ist mit 5.895 Metern der höchste Berg Afrikas und zählt somit zu den Seven Summits. Er befindet sich im Kilimandscharo-Massiv, dem höchsten Bergmassiv des Kontinents. Oft wird als Bezeichnung für den höchsten Berg Afrikas der Name Kilimandscharo verwendet, was aber topografisch nicht korrekt ist, da dies der Name des gesamten Hochgebirges ist.
Auch der „Kibo" stand nicht ganz oben auf der Prioritätenliste des Skyrunners – das Seven Summits Speed-Projekt war zu diesem Zeitpunkt noch nicht angedacht. Chri bereiste Tansania in seiner Eigenschaft als Bergführer, eine klassische, mehrtägige Besteigung stand zunächst auf dem Programm. Nach getaner Arbeit beschäftigte er sich mit der Geschwindigkeitsfrage, immerhin gab es ja bereits die Bestzeit des Italieners Bruno Brunod aus dem Jahr 2001. Diese war mit fünf Stunden und 38 Minuten registriert.

Kibo: Berglauf durch mehrere Vegetationsstufen

Vorbei am Fürtwangler Gletscher auf dem Kraterboden des Kilimandscharo

Uhuru Peak | Rekord in 5,36 Stunden

Christian Stangl wusste, dass das eine hart zu knackende Nuss sein würde. Der Kibu ist technisch einfach und weist eine relativ geringe Höhe auf, weshalb er hier seine körperlichen Vorteile nicht vollends ausspielen konnte. Vielmehr war auf dem Uhuru Peak „einfaches Laufen" gefragt, eine Disziplin, in der er, so der Hochsprinter, „nicht sonderlich gut ist". Das Unternehmen erforderte also eine explizite Vorbereitung mit Trainingseinheiten zu je 4.500 Höhenmeter, „um ein Gefühl für die Distanz zu bekommen". So stand er in der Woche vor dem Skyrun dreimal auf dem Gipfel und kundschaftete bei diesen Gängen die optimale Route aus, wobei die sogenannte Umbwe-Route auserkoren wurde, da in deren Verlauf vier natürliche Wasserstellen den Run unterstützen sollten. Bei diesen Erkundungsgängen wurden auch die hier verwendeten Bilder gemacht, da beim eigentlichen Skyrun eine fotografische Dokumentation nur mit viel Aufwand möglich gewesen wäre. Und noch ein weiteres Problem gab es im Vorfeld zu lösen: Das Nationalparkgesetz verbietet „Wettkämpfe aller Art", theoretisch also auch das Vorhaben des Steirers.

Flachpassage auf dem Kibo
Übergabe der obligaten Urkunde durch die Nationalparkverwaltung

Dazu kam die Vorgabe, dass eine Besteigung des Kibo grundsätzlich nur mit einheimischen Führern erlaubt ist. Lösung: Eine per Bakschisch (persisch für: „Gabe“) vereinbarte „Marathon-Sondergenehmigung“ galt als Startschuss! Dieser erfolgte im Morgengrauen des 13. Oktobers 2004. Der Anlauf verlief planmäßig vom Umbwe Gate in 1.450 Metern Seehöhe, wobei es galt, einen Höhenunterschied von 4.445 Metern innerhalb von vier Vegetationsstufen zu überwinden. Christian erreichte den Gipfel in fünf Stunden, 36 Minuten und 38 Sekunden, womit Brunods Rekord um ganze zwei Minuten verbessert wurde (2007 unterbot ein Amerikaner die Leistung erneut - zwar auf einer anderen Route -, aber immerhin um weitere acht Minuten).

Es folgte ein in der Relation langsamer Abstieg, 4.200 Höhenmeter, die sich sehr zäh gestalteten. Trotz prophylaktisch verbundener Zehen stellten sich bald Blasen ein, die später aufbrachen und den Rücklauf erheblich bremsend auf ganze drei Stunden ausdehnten. Die Totalzeit von acht Stunden, 49 Minuten und penibel festgehaltenen drei Sekunden gilt bislang als zweitbeste Gesamtzeit. Eine heitere Anekdote noch am Rand: Lange Zeit nach dem Kibo-Lauf erhielt Christian einen Anruf von seiner in Guatemala City lebenden Schwester. Sie las in der renommierten „Zeit“ den Artikel eines Bergführers aus Tansania, der voller Begeisterung vom „Lauf eines leichtbekleideten Sprinters“ erzählte und der Skyrunner erinnerte sich sogleich: *Ja, der war als Guide mit einer Gruppe unterwegs - während die Touristen beim Überholvorgang in staunendes Schweigen verfielen, feuerte mich der Tansanier enthusiastisch an ...*

Elbrus

Speedrekord bei –42°

Der Mount Elbrus ist mit 5.642 Meter Höhe (Westgipfel; Ostgipfel: 5.621 Meter) der höchste Berg im Kaukasus und der höchste Berg Russlands. Ob er oder der Montblanc der höchste Berg Europas ist, hängt von der Definition der eurasischen Grenze ab. Der Doppelgipfel ist ein momentan nicht aktiver, stark vergletscherter Vulkan. Die Entfernung zwischen beiden Gipfeln beträgt 1.500 Meter, der höchste Punkt liegt auf dem südlichen Kraterrand. Mehr als 70 Gletscher fließen von den Elbrus-Hängen ins Tal und bedecken 145 Quadratkilometer mit Eis. Die Araber nannten den Elbrus im Mittelalter Dschabal al-alsun, „Berg der Sprachen". Weitere Namen des Elbrus sind „König der Geister", „Thron der Götter", „Ort der Glücklichen" und „Heilige Höhe". Der heutige Name leitet sich vermutlich vom georgischen Wort für „kegelförmiger Berg" ab. *(Wikipedia)*

Auf dem Elbrusgipfel

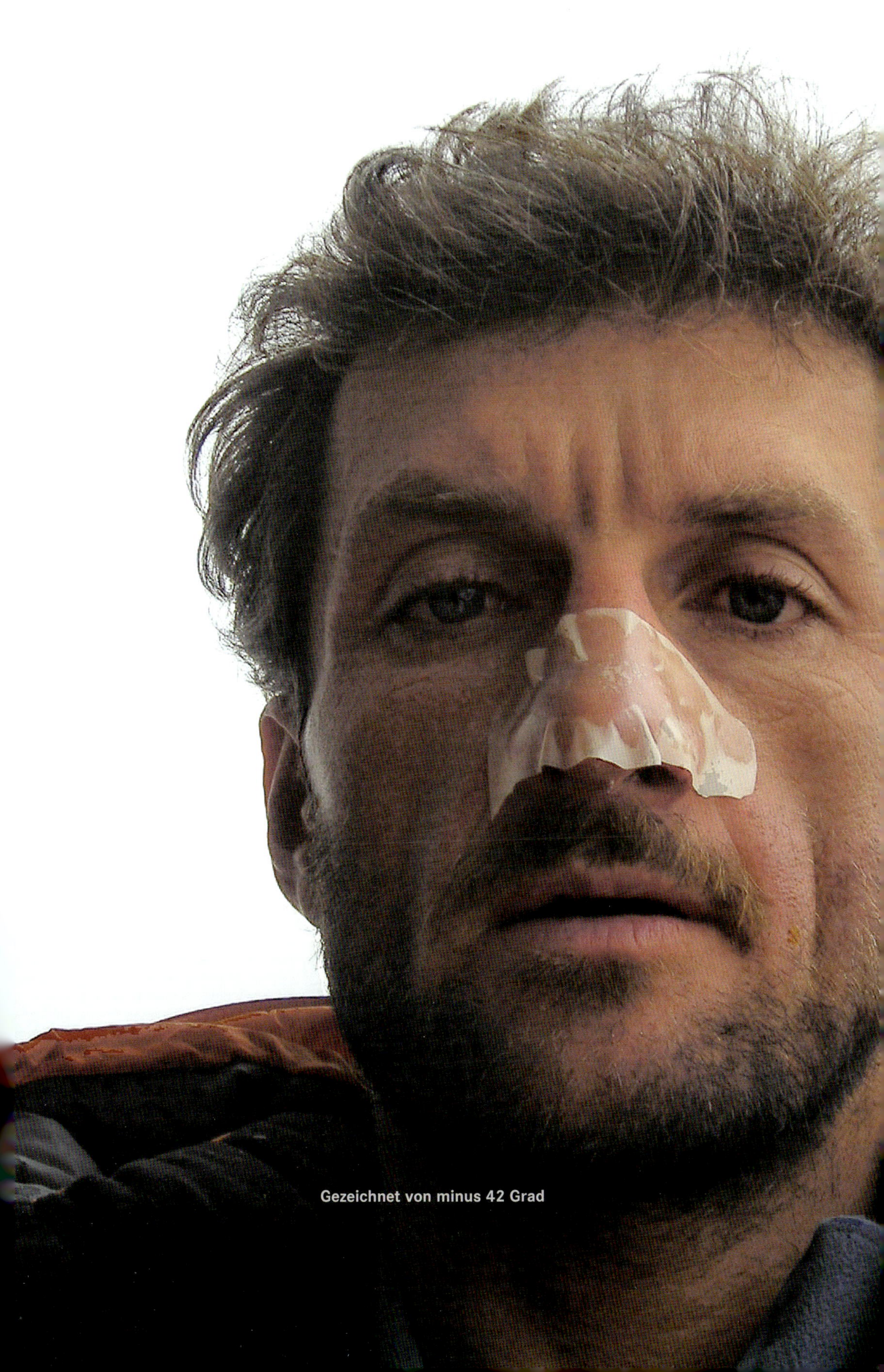

Gezeichnet von minus 42 Grad

Als Bergführer unterwegs, Rast auf 3.500 Meter

Es war im April 2006, die Leipziger Agentur „Adventure Train“ engagierte Christian als Guide für eine Führung auf den formschönen kaukasischen Gipfel. Der Job wurde jedoch witterungsbedingt kurz unter dem Gipfel vereitelt: schlechte Sicht, vor allem aber extreme Kälte mit Temperaturen bis zu minus 40 Grad (!) zwangen die Gruppe zum Rückzug. Dennoch, bis zur geplanten Abreise war noch Zeit: *Wenn ich schon da bin, möcht' ich schon noch ein Hatzerl versuchen,* dachte Stangl und wartete während einer andauernden Schlechtwetterphase geduldig auf seine Chance, dem höchsten Gipfel Russlands einen Skyrun abzuringen. Die Gelegheit ereilte ihn rechtzeitig, und zwar am letztmöglichen Tag

Nach der Akklimatisationsphase folgte aber eine Schlechtwetterphase und die Elbrus-Skischnellbesteigung schien im Schnee zu versinken. Neuschnee bis 600 Meter Seehöhe. Am 27. April wurde ein kurzes Zwischenhoch prophezeit, allerdings mit Temperaturen um die minus 26 °C, im Gipfelbereich mit Windchill also um die minus 42 °C. Ich startete um 5.30 Uhr an der Seilbahnstation im Talort Azau am Ende des Baksantales.

Das GPS zeigte 2.371 Meter Seehöhe, in den meisten Karten ist die Meereshöhe von Azau mit 2.180 Metern eingetragen. Bis 4.700 Meter war ich mit dem superleichten Atomic Tour Race unterwegs, danach mit federleichten Steigeisen aus Aluminium. Sehr starke Winde ab dem Sattel auf ca. 5.300 Meter. Meine Gesichtsmaske war stark vereist, um besser atmen zu können nahm ich sie ab. Der starke Wind kostete mich einige Minuten. Nach fünf Stunden und 18 Minuten erreichte ich den Gipfel, drehte dort sofort um und lief bis in den Sattel zurück. Von dort stieg ich sehr vorsichtig über das blanke Eis ab. Insgesamt vier Zacken meiner Steigeisen brachen ab – eine gefährliche Situation. Die Aluminiumlegierung ist für solche Minustemperaturen nicht gebaut. Auch meine Schutzmaske vereiste zunehmend, sodass ich kaum Luft bekam und ich das Ding abnehmen musste – das hat meiner Nase nicht gut getan, aber ich kam mit leichten Erfrierungen des Riechorgans davon. Auf 4.700 Meter Höhe erreichte ich das Skidepot und fuhr nonstop (2.700 Höhenmeter) *bis ins Tal ab. Nach sieben Stunden und 12 Minuten war ich wieder in Azau. Meine Oberschenkel waren butterweich.*

Stangl benutzte – wie immer stilrein – keine Depots und verzichtete auf Fremdunterstützung – der dritte von sieben Summits war geschafft. Der Skibesteigungsrekord des Steirers mit fünf Stunden und 18 Minuten hielt jedoch nur zwei Jahre, worüber sich der Sportsmann freut: *Immer wieder werden meine Rekorde angezweifelt; wenn dann andere kommen und Ähnliches vollbringen oder sogar noch übertreffen, unterstreicht das unter anderem auch meine eigenen Leistungen.* Wie überhaupt der zur Zeit „schnellste Bergsteiger der Welt" der Meinung ist, dass Rekorde zum Brechen da sind. Von ihm selbst oder eben auch von anderen ...

Blick über den Zentralkamm des Kaukasus von den Hängen des Elbrus

16 42 Everest:

Was ist dran am Mythos Everest?
Man geht einfach hinauf und wieder hinunter.
Ohne Höhenlager, ohne Sauerstoff.
Ich „degradiere“ den Everest damit nicht zur Tagestour, sondern ich reduziere ihn auf das Wesentliche: 2.400 Höhenmeter vom Basislager zum Gipfel.
Ein für mich normales Tagespensum.
Der „Vorwurf“, dass ich dabei in den Spuren anderer gehe, stimmt: die Technik des Schwebens beherrsche ich noch nicht ganz ...

CS

Nichts ist,
wie es einmal
war
ADVENTURE TRAIN
KNAUF
www.rafting.at
BERGSPORT
VASOLD
Kodak EPP 3411

Der vierte Streich Tagestour auf den Everest

Auf seinem langen Marsch durch die Atacama hatte Christian Stangl viel Zeit zum Sinnieren. Unter anderem beschäftigte ihn – sozusagen als Kontrastprogramm zu den endlosen Weiten der Wüste – der Mythos des Mount Everest. Er kannte die Besteigungsgeschichte aus zahllosen Berichten und Gesprächen, erinnerte sich noch gut an seinen Versuch der Lhotse-Everest-Überschreitung und konkretisierte die Idee eines Skyruns, indem er den „Berg der Berge“ einer pragmatischen Analyse unterzog: Relativ wenig Niederschlag auf der Nordseite müsste in dieser Passage ein rasches Vorankommen ermöglichen, oben auf dem Nordostgrat herrscht meist viel Wind, das heißt, wenig oder festgepresster Schnee. Optimal für zügiges Schreiten mit Steigeisen. Insgesamt technisch leicht mit sehr viel „Gehgelände.“ Und dann noch die Frage der relativen Höhe: Hochplateau auf 5.000 Meter, Basis auf 6.400 Meter, blieben eigentlich nur noch 2.448 Meter reine Aufstiegshöhe. All diese Parameter kämen auch seinem Stil sehr entgegen, ebenso seiner Überzeugung, dass alles was denkbar ist, auch machbar ist. Auch der Everest, Base – Summit – Base innerhalb von 24 Stunden. Der Entschluss war gefasst! Ab diesem Zeitpunkt folgte ein Intensivtraining nach „Stanglart“; insgesamt sechs Monate bereitete er sich physisch wie mental auf den Skyrun zum höchsten Gipfel der Welt vor. Und: Um eine „Blamage“ eines eventuellen Scheiterns, wie 2004 auf dem Broad Peak und 2005 auf dem Dhaulagiri zu vermeiden, blieb die ganze Aktion streng geheim! Niemand wurde eingeweiht, es sollte kein Druck von außen aufgebaut werden, blieb doch – trotz akribischer Planung – die eine oder andere Ungewissheit offen.

Mythos Mount Everest (Nordansicht)

Vor allem die Berichte von Hans Kammerlanders Skibesteigung aus dem Jahr 1996 ließen Zweifel aufkommen; voll Respekt gestand Christian: *Der Hans hat da ja eine Wahnsinnsaktion hingelegt und war in 17 Stunden ohne Sauerstoff auf dem Gipfel. Trotzdem berichtete Hans von einen Durchhänger. Da hab ich ein wenig Schiss bekommen, denn wenn der Kammerlander, der einer der besten Höhenbersteiger der Welt ist, trotz Lagerunterstützung einknickt, wie würde es mir dann gehen …?* Um diese Frage zu klären, bezog Stangl am 5. Mai das Everest-Basecamp und wartete geduldig den passenden Zeitpunkt ab. Der schien am 15. Mai gekommen zu sein, doch die Sache lief nicht richtig, der Skyrunner bekam „keinen Zug im Oberschenkel", es wurde zunehmend mühsam, die Akklimatisation passte nicht optimal, ein spürbarer Leistungsabfall stellte sich ein – bis er in einer Höhe von 8.300 Metern das Unternehmen abbrach. *Da ging ich dann zur Einkehr hinaus ins Kloster von Rongbuk, sammelte dort meine Sinne und tankte Kraft für einen neuen Anlauf …*

Tagelange Stürme verzögerten den zweiten „Anlauf“

Scheitern – Neuorientierung – Erfolg

Zurück im Basecamp ging es einmal mehr darum, sich in Geduld zu üben, schwere Winde fegten über den Nordostgrat, es war ein ewiges Hin und Her, bis sich am 24. Mai ein freundlicheres Wetterfenster auftat. Mit den Worten: *Ich geh mal schauen!* verabschiedete sich Chri um 17.00 Uhr abends im Camp, keiner wusste, was der Einzelgänger aus Österreich vorhatte und es interessierte auch niemand. Von seinem Erstversuch her wusste er, dass er sowohl auf den Pickel wie auch auf Steigklemmen verzichten konnte und setzte bewusst nur einen Stock für den Aufstieg ein. Diese Technik gewährleistet ein Ausschütteln der jeweils freien Hand, womit die Blutzirkulation gefördert wird und so die Gefahr lokaler Erfrierungen reduziert wird. *Bis zum Lager zwei auf 7.500 Meter hatte ich einen super Schritt drauf und so erreichte ich schon bei Tagesanbruch den Nordostgrat. Es war eine unbeschreibliche Szenerie, als die Sonne über dem Makalu aufging, aber es war kalt, extrem kalt und ich sah, dass die Passage beim „Second Step“ frei war. Es ist dies eine Schlüsselstelle, wenn es sich dort*

Gipfelblick (zum Nuptse) und Gipfelpose

„schoppt“, also ein Stau entsteht, ist man ohne Sauerstoff schlecht dran! Zwar war die Schneedecke streckenweise nicht ganz optimal, und bei so mancher Felsstufe geriet er etwas aus dem Takt, dennoch kam er flott voran und – ganz gegen seine Erwartung – je höher er kam, desto besser fühlte er sich. Auch die magische „Mushrom-Stelle“ in 8.700 Metern Höhe, wo viele konditionelle Probleme bekommen, überwand er ohne gröbere Schwierigkeiten. Im Gegenteil, jetzt spürte er „den Zug im Oberschenkel“ und als er dann vor ihm noch einen Mann mit Sauerstoff Richtung Gipfel stapfen sah, bekam der Skyrunner einen zusätzlichen Kick und zog noch einmal so richtig an. 16 Stunden und 42 Minuten nach seinem Aufbruch im Basecamp zeigte Christians Höhenmesser 8.848 Meter an. Der Everst war damit erstmals im Alleingang ohne Fremdhilfe und ohne Sauerstoff als Tagestour absolviert. Den Gipfelblick teilte Stangl mit zwei Nepalesen und dem Ecuadorianer Patricio Crausaz; da er sich mit Letzterem in fließendem Spanisch unterhielt, wusste er auch, dass er geistig noch voll da war …

Halbzeit – Retourgang – Erschöpfung

Dennoch war klar, dass die Zeit des Verweilens auf dem höchsten Gipfel der Welt enden wollend war. *Ich wusste, es war Halbzeit und wollte unbedingt auf eine Höhe von mindestens 7.500 Metern absteigen, denn darüber ist keine Erholung möglich, ich fürchtete, dass ich noch Probleme im Kopf bekäme, womöglich zu fantasieren beginne und die Kontrolle während des heiklen Absteiges verliere. Zudem kam die dreieinhalb Kilometer lange*

und flache Gipfelpassage, wo kaum Höhe zu verlieren ist.
Es war später Vormittag und – man glaubt es kaum – in einer Höhe von 8.500 Metern verhältnismäßig warm, dazu stellte sich langsam Müdigkeit ein: *Ich wurde zunehmend mürbe und fing an, Selbstgespräche zu führen: „pass auf, geh weiter, Vorsicht ...“ Dennoch kam ich gut voran, ich hatte Glück, die leichte Neuschneeauflage erwies sich als optimal zum Abrutschen auf dem Hosenboden, das spart Zeit und vor allem Kraft. Sechs Stunden dauerte der Abstieg, zum Schluss, nach insgesamt 22 Stunden und 30 Minuten, war ich fertig, ausgelaugt und leer.* Im Basecamp angekommen, war das Unternehmen jedoch noch nicht ausgestanden: *Ich war nur mehr froh, dass es vorbei ist, keine große Freude, keine Euphorie. Ich legte mich ins Zelt und wollte einfach nur Ruhe, doch da bekam ich wilde Atemprobleme, musste mich aufsetzen und schnaufte fürchterlich. So, dachte ich, jetzt hat's mich erwischt, ich hab' da oben in der Todeszone Schaden genommen, irgendwas ist im Hirn hin geworden, ich hatte Angst ...* Erst nach etlichen Stunden besserte sich dieser Zustand allmählich, Stangls Körper war deutlich am Limit und hatte Probleme, sich wieder in den „Normalzustand“ zu versetzen. Und noch ein Mitbringsel gab ihm der Everest mit: beim Ausziehen der Schuhe war es gewiss: Die große Zehe war angefroren und rundum schwarz gefärbt. Auf die Frage, ob es nach seinem Rekord zur großen Feier kam, erzählt Chri: *Man stellt sich das idyllischer vor als es ist. Das Basecamp ist eine ein Kilometer lange Zeltstadt, da interessiert sich keiner für den anderen, dort herrscht völlige Anonymität.* Und so verschwand der Skyrunner mit einer gewaltigen alpinen Leistung, die vor Ort niemand registrierte, sang- und klanglos ...
Das Ausmaß seiner Leistung wurde ihm erst auf der Heimfahrt durch das tibetanische Hochland bewusst. *Es war geschafft, die Idee hatte sich bestätigt, ein Skyrun auf den Everest war denkbar und daher möglich. 50 Jahre lang dachte man, den höchsten Berg der Welt nur auf klassische Weise „bezwingen“ zu können. Nun hatte ich bewiesen, dass es auch abseits des konventionellen Expeditionsstils geht und das mein „Stil des marginalen Aufwandes“ auch ökonomisch vertretbar ist* (Anm: während für eine „herkömmliche“ Everestbesteigung zwischen 30.000 und 70.000 Euro zu berappen sind, verbrauchte der „Solist“ bescheidene 5.200 Euro – all inclusive!). Anders als im Basecamp, verbreitete sich die Kunde vom „Everst als Tagestour“ in Europa wie ein Lauffeuer. Namhafte Fernsehstationen und renommierte Zeitungen berichteten in großen Lettern von der „heroischen Tat“. *Der Everest ist wie kein anderer, ein Berg für Selbstdarsteller. Genau das wollte ich immer vermeiden, letztendlich hat mich der Everest aber auch zum Kasperl gemacht! Nachträglich ärgert es mich, ständig auf diesen einen Run reduziert zu werden. Dabei gab und gibt es andere Projekte, die ich persönlich wesentlich höher bewerte.*

Motivation

Wenn ich stark sein will, spreche ich Russisch mit mir. Dann fühle ich mich wie ein Kapitän auf einem russischen Atomeisbrecher. Ich stehe auf dem Schiff, es geht voran, und vor mir bricht das Eis.
Die russische Phonetik gibt mir das Gefühl, dass ich stark bin.
Wenn ich Angst bekomme, fange ich dagegen an, Englisch zu sprechen: „hey man, take care" und solche Sachen. Das ist alles total seltsam ...

CS, Interview FAZ – 2007/244

Carstensz-Pyramide: Berg im Dschungel

Die Carstensz-Pyramide (in Indonesien Puncak Jaya = „Siegesgipfel" und früher Djalaspitze genannt) ist mit 4.884 Meter Höhe der höchste Berg Ozeaniens und damit der höchste Berg zwischen dem Himalaya und den Anden. Sie befindet sich unmittelbar neben der größten Goldmine der Welt, der Freeport-Mine, in West-Papua, dem westlichen zu Indonesien gehörenden Teil der Insel Neuguinea, in der Sudirman Range, die ein Teil des Maokegebirges ist.

Nach dem Erfolg auf dem Mount Everest spekullierte Christian Stangl nun ernsthaft mit den „Seven Summits", allein die Finanzierung des Projektes stand noch in den Sternen. Zunächst, es war im April 2007, wurde die Cartensz-Pyramide in Indonesien anvisiert, wobei die Schwierigkeiten weniger am Berg selbst lagen ... Wikipedia erläutert dazu: *Die Besteigung der Carstensz-Pyramide ist von mehreren Genehmigungen durch Armee, Polizei und Ministerien abhängig. Die Bestimmungen zur Erlangung dieser Genehmigungen können sich innerhalb kürzester Zeit ändern. In der Gegend sind mehrere Minengesellschaften aktiv, die fremde Besucher nicht willkommen heißen. Außerdem gibt es Konflikte zwischen den staatlichen Behörden und den Ureinwohnern. Durch diese Probleme werden Besteigungen sehr erschwert.* Die Lösung des Problems fand sich in der Person des Dr. Werner Weiglein. Der ehemalige Chirurg aus Frankfurt organisierte die Trekkingtour bis zum Wandfuß der Pyramide. Mit von der Partie waren neben vier einheimischen Trägern Weiglein selbst, der aus Deutschland stammende Jörg Stingl – ebenfalls ein Sammler der Seven Summits – und Hubert Rieger, der im Auftrag der „Mammut Sports Group" den Lauf des Skyrunners filmisch in Szene setzen sollte.

Carstensz-Pyramide mit Anstiegslinie im Morgenlicht

Anmarsch mit Hindernissen

Für Christian war das gesamte Carstensz-Unternehmen ungewohntes Neuland. Schon die Anreise war eine Irrfahrt; der logische, kürzeste Anmarsch (ein paar Stunden) wurde durch die Freeport Mine-Gesellschaft gesperrt, weshalb zuerst ans andere Ende der Insel, nach Jayapura geflogen werden musste und von dort wieder zurück ins Landesinnere, bis nach einem weiteren Flug endlich Beoga erreicht wurde. Stangl ging davon aus, dass der Anmarsch kommod entlang eines Trekkingpfades führen würde, eine Annahme die ihn im dichten, weglosen Unterholz des Urwaldes bald eines Besseren belehrte. *Wir landeten voll in den Stauden, wateten knöcheltief im Wasser, der Wald war unglaublich dicht, 40 Meter hohe Bäume verwehrten jeden Blick, keine Sonne, nur diffuses Licht. Ich hatte oft keine Ahnung wohin wir eigentlich gingen und wunderte mich, wonach sich die Einheimischen orientierten.* Dazu kamen die in Indonesien typischen Wetterverhältnisse, es regnete unaufhörlich, selbst wenn es nicht regnete, tropfte der Wald stetig dahin. Und es war kalt, nasskalt, alles war durchtränkt, keine Chance auf trockene Kleider.

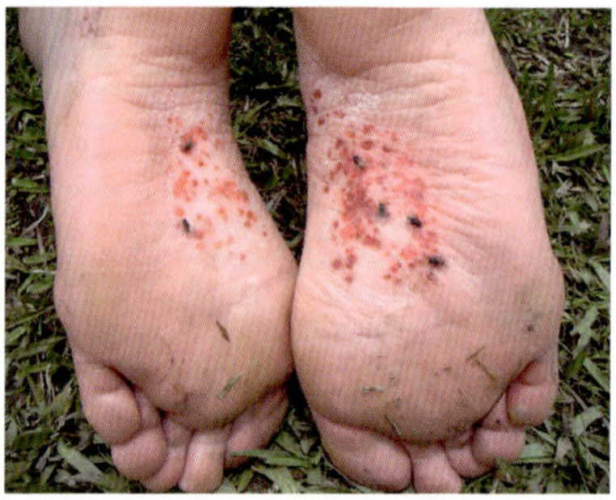

... die braven Träger | unangenehme Entzündungen | Christian mit Hubert Rieger

Zu allem Unglück entzündeten sich die Schnitte vom dornigen Unterholz an den Unterschenkeln, irgendwann wurden die Eiterbeulen immer größer und auch an den Sohlen bildeten sich durch die andauernde Nässe und durch die feinen Sandkristalle unangenehme Entzündungen. Die Tortur des Anmarsches dauerte ganze sechs Tage, bis endlich die Basis am unteren Merensee aufgeschlagen werden konnte.

Der Carstensz-Run

Noch am selben Tag kündigte sich eine kurze Schönwetterphase an. Das bedeutete wenige regenfreie Stunden am Vormittag, später stellte sich regelmäßig Niederschlag ein. Stangl wollte zumindest die schwierigen Passagen beim Abklettern noch trocken erwischen. Darum wusste er: *Jetzt muss ich's tuschen lassen!* So startete er im Morgengrauen und erreichte die Anhöhe vor dem Wandaufbau genau bei Sonnenaufgang. Beim Anblick der 780 Meter hohen Wand war auch sofort klar, wo die Anstiegslinie verläuft, nur die „Gratfrage" blieb noch offen. Um sieben Uhr früh stieg er in die Wand ein, herrliche Verschneidungen in tollem Fels erfreuten das Kletterherz, die angegebenen Schwierigkeiten (eine Stelle VI-) empfand er generell ziemlich übertrieben, im oberen Wandteil begradigte er in direkter Linie die Originalroute, es ging hurtig dahin. Geplant bzw. geschätzt wurde der Anstieg mit etwa zwei Stunden (der slowenische Rekord lag bei dreieinhalb Stunden), darum war Christian „von der eigenen Geschwindigkeit völlig überrascht", als er nach rasanten 29 Minuten die Wand überwunden hatte und auf dem Gipfelgrat stand. Das spezielle Klettertraining im Kalkgestein der heimischen Gesäusberge waren hier von großem Vorteil. Doch nun galt es, den messerscharfen Grat zu überwinden, auf den extrem ausgesetzten Passagen Tempo herauszunehmen und die einzelnen Türme richtig zu erwischen. Die in der Literatur als besonders schwierig beschriebenen Grattürme waren durch fixe Seilversicherungen jedoch viel leichter geworden und so sprintete Stangl „mit vollem Stoff“ dem Gipfel entgegen. Fazit: Einstieg bis Gipfel – neuer Rekord in 49 Minuten! *Abstieg problemlos bei trockenen Verhältnissen* vermerkt Chri abschließend. Der Tag danach war ein „Arbeitstag“, es galt, das ganze Unternehmen zu wiederholen und mit Hubert Rieger den Skyrun auf Zelluloid zu bannen – beide bestiegen die Pyramide zu zweit in knapp drei Stunden und filmten die entscheidenden Passagen aus allen erdenklichen Perspektiven. Auch Jörg Stingl zog an diesem Tag sein Ding durch ...

Abschluss am Ngga Pulu

So schnell komme ich nicht mehr in diese Gegend, weshalb ich dachte, am Tag des Abmarsches noch rasch den nahe gelegenen Ngga Pulu zu besteigen. Der Plan war, den 4.852 Meter hohen Gipfel im Skyrun-Stil zu erlaufen, danach auf mittlere Höhe abzusteigen und über die Gletscher auf den Neuseeland-Pass zu gelangen und somit auf die Route der vorausmarschierenden Gruppe zu stoßen. Alles verlief demnach gut (mit wahrscheinlichem Gipfelrekord in 98 Minuten vom untersten Merensee aus), auch der Abstieg gestaltete sich ohne Probleme, bis es kurz vor dem geplanten Weganschluss „Rien ne va plus“ – nichts geht mehr – hieß. Tiefe, unüberwindbare Schluchten versperrten den Weg, was soviel bedeutete, das ganze Unternehmen im Retourgang zu wiederholen, zurück zum aufgelassenen Lager und von dort hastig der Gruppe nachzueilen. *Das war dann zum Abschluss noch ein sehr ausgefüllter Tag! Wie überhaupt das „Projekt Carstensz“ insgesamt eine zähe Tour mit zehn ausgiebigen Tagen war. Aber zum Schluss hatte ich Nummer fünf von sieben in der Tasche.*

Sequenzen aus dem European Outdoor-Film: „Der Skyrunner“

Denali
Der unterschätzte Riese

Schlag auf Schlag

Knapp einen Monat nach seiner Rückkehr aus Indonesien wechselte die Szene drastisch: Alaska! Die „Seven Summits“ waren nun sein erklärtes Ziel, zwei fehlten noch, beide in Regionen, die der trockenen Kälte wegen den Vorzug des Skyrunners genießen. Im Gespräch musste zuerst einmal nachgefragt werden: Denali, Denali? Wer ist denn das? *Ja,* so Stangl, *ich weiß, in Europa kennt kein Mensch diese Bezeichnung, umgekehrt weiß niemand in Nordamerika etwas mit dem Begriff Mount McKinley anzufangen.* Egal. Zur Erläuterung fragen wir erneut Wikipedia: „Der Mount McKinley in Alaska ist mit 6.194 Metern Höhe der höchste Berg Nordamerikas und gehört damit zu den Seven Summits. Er wurde nach dem 25. US-Präsidenten William McKinley benannt. Ein alternativ verwendeter Name des Berges ist Denali, ein Wort aus dem Athapaskischen, das ‚der Große' oder ‚der Hohe' bedeutet. Denali ist der offizielle Name des Berges in Alaska. Während sich der offizielle Name in den USA inzwischen im allgemeinen Sprachgebrauch durchgesetzt hat, wird im deutschsprachigen Raum meist die alte Bezeichnung benutzt. Der Mount McKinley bildet den höchsten Gipfel der Alaskakette und liegt im nach ihm benannten Denali-Nationalpark.“ Soweit, sogut!
Aufbruch im Mai 2007. Mit dabei Birgit, die sich vom Attribut des „kältesten Berges der Welt“ nicht abschrecken ließ und in bewährter Weise die Tourassistenz übernahm. Flug von Talkeetna zum Landestreifen des Basislagers auf dem Kahiltna Glaciar.

Birgit beim Auschecken von Spalten auf dem 13 Kilometer langen Kahiltna Glaciar

Vom Basecamp trennte uns ein 13 Kilometer langer Gletscher vom Wandfuß. Vor dieser Passage hatte ich echt Spundus, zahlreiche Erzählungen von gefährlichen Spalten förderten den Respekt und mahnten zu besonderer Vorsicht. Wir planten daher, den Gletscher zuerst gemeinsam mit Ski zu überschreiten und die Spaltensituation zu prüfen. Im Zuge dessen unternahm Christian einen Erkundungsgang, erreichte eine Höhe von 5.200 Meter und gab sich der heranziehenden Schlechtwetterfront geschlagen – alles zurück, der Gang über den Gletscher war extrem heikel und im Basecamp hieß es wieder einmal: warten, warten ...

Absicht: Speedbegehung

Chri reiste mit der Absicht nach Alaska, wenn möglich, die Zeitvorgabe des Amerikaners Chat Kelogg (14 Stunden und 22 Minuten) einzuholen. Am 25. Mai war es soweit: Er fühlte sich körperlich fit und mental gut drauf, nur die Verhältnisse in der Gletscherpassage, die sich in den Tagen des Wartens noch zugespitzt hatten, verursachte Bedenken.

Im Basecamp, dahinter der Denali | Gipfelglück und Gipfelblick

Da es in diesen Breiten (60° Nord) im Frühjahr nicht dunkel wird, konnte um 8.00 Uhr abends gestartet werden. Es ging auch – wenngleich äußerst vorsichtig – gut voran, bald war er am Wandfuß und machte rasch Höhenmeter. Doch dann begann sich der Berg zu wehren, ab dem sogenannten „Medical Camp" auf ca. 4.100 Meter Höhe, war ein Wechsel von den Skiern hin zu den Steigeisen notwendig. Danach folgte ein schier unendliches Plateau, das sich elendslang dahinzog. Trotz der an sich guten Bedingungen – erträgliche Minusgrade, verhältnismäßig wenig Wind und gute Gehverhältnisse, aber teilweise schlechte Sicht – wurde der in seinen Dimension unterschätzte Berg immer länger, endlich gelangte er ans „Fußballfeld", eine riesige, dem Gipfel vorgelagerte Fläche, in die zunächst weit abzusteigen war ... um sich am anderen Ende den finalen Aufschwung hinaufzuschinden. Zähen Schrittes schaffte er den Gipfel in – für „normale" Bergsteiger sagenhaften – 16 Stunden und 45 Minuten, schrammte an Kelogg's Zeitvorgabe aber um mehr als zwei Stunden vorbei und benötigte für den vermeintlichen „einfachen Skiberg" drei Minuten länger als für seinen Gang auf den Mont Everest.
Nun ging es an den Abstieg: *Ich hab mich noch gewundert, dass ich vollkommen allein auf dem Gipfel war, aber beim Abstieg kamen dann massenhaft die Leute daher; logisch, die begannen ihren Aufstieg erst, als die Sonne ihr Lager erreichte ... ich hatte offensichtlich schon vergessen, wie ein „klassischer" Bergsteiger denkt!* Während des Abstieges verschlechterte sich das Wetter zunehmend, Wolken zogen auf und tauchten die Landschaft in diesiges Licht. Schlecht für die Passage über den Gletscher, der Wind verwehte auch die Spur, die Orientierung wurde zunehmend schwieriger und so wurde der Gang über die nicht sichtbaren Spalten zum abschließenden Abenteuer mit erhöhtem Adrenalinaufkommen. *Als ich im Basislager eintraf, war Birgit sichtlich erleichtert. Ich schlürfte noch eine Tasse Tee und schlief sofort ein ...*

unterschätzt

Da hatte ich die Erkenntnis: Für diesen Riesen war ich nicht optimal vorbereitet, auch nicht im Training. Die Dimensionen des Denali hab ich voll unterschätzt, allein die Horizontaldistanzen haben sich echt gewaschen, und gemessen an den Höhenmetern (4.300 Meter) war der Everest (2.600 Meter) vergleichsweise einfach.

CS

Mount Vinson
Ein antarktischer Traum

Der Mount Vinson ist mit 4.892 Metern der höchste Berg der Antarktis - deshalb zählt er zu den Seven Summits. Der Berg wurde nach dem US-amerikanischen Senator Carl Vinson benannt, der die Erforschung der Antarktis förderte. Erst 1957 wurde der Berg bei einem Flug der US-Luftwaffe durch die Sentinel Range entdeckt. Die Erstbesteigung erfolgte 1966 durch eine Expedition des American Alpine Club. Die Schwierigkeiten der Besteigung liegen nicht in den technischen Schwierigkeiten des Aufstiegs, sondern werden durch die extreme Lage (die Entfernung zum Südpol beträgt ungefähr 1200 Kilometer), Kälte und Stürme verursacht. Christain Stangl beschäftigte jedoch vielmehr die Finanzierungsfrage, die zwei großen Summits des Jahres 2007 hatten die Reisekassa gegen Null hin geleert. Da kam ein Anruf von Walter Laserer gerade recht; der Leiter der gleichnamigen Alpinschule suchte einen weiteren Bergführer, um eine Gruppe auf den - welch Zufall! - Mount Vinson zu führen. Auch Stangls langjähriger Sponsor, der Bauplattenproduzent Knauf aus Liezen, spielte mit und unterstützte das Finale des „Seven Summits Speed-Projekts“. *Der Mount Vinson war im Dezember angesetzt, bis dahin tatenlos zu bleiben kam mir nicht in den Sinn. Ich fühlte mich ausgezeichnet und wollte meine gute Form nützen. So reiste ich kurz entschlossen im September zum Cho Oyu und machte dort „a Hatzerl“* (15 Stunden und 6 Minuten, Basislager - Gipfel, siehe Seite 78).

Sturmtag auf dem Mount Vinson

7.12.07, die letzte Etappe der Seven Summits dokumentiert mit dem Selbstauslöser

Seven Summits: Das Finale

Dezember 2007. Walter Laserer hatte seine Gruppe beisammen, die Anreise verlief problemlos und schon am zweiten Tag nach der Ankunft im Basilager kam wie gerufen ein Schönwetterfenster. Chri beabsichtigte ja, seine Bergführertätigkeit am Mount Vinson bei passender Gelegenheit mit einem Skyrun zu verbinden. Diese Gelegenheit kam also schneller als gedacht, umso kürzer fiel die Beschreibung der „Skitour" aus: *Ich war ziemlich gut in Form. Nachdem ich meinen Sold als Transportvieh zum Hochlager abgedient hatte, ging ich wieder zurück ins Basislager. Acht Stunden später zog ich mein Ding per Ski, die ich erst 200 Meter unter dem Gipfel deponierte, mit einem neuen Normalrouten-Rekord von neun Stunden und 10 Minuten durch. Mein „Seven Summits Speed-Projekt" war abgeschlossen – rasch addierte ich: 58 Stunden und 45 Minuten, neuer Gesamtrekord! Das Finale genoss ich in vollen Zügen, ich stand eine halbe Stunde allein auf dem Gipfel, blickte über die traumhafte Landschaft der Antarktis und schon taten sich neue Ziele auf ...* Der Rückweg forderte den „schnellsten Bergsteiger der Welt" noch einmal kräftig heraus: extrem ungute Schneeverhältnisse machten die Route fast unbefahrbar, es folgte ein Kampf um jeden Höhenmeter.

Im Basecamp angekommen, gings zunächst ab zum Rapport. Da Solotouren am Mount Vinson nicht erlaubt sind, bedurfte es gesonderter Absprachen, darunter die Verpflichtung, sich standesgemäß ab- und anzumelden.

Der zweite Gang

Nach sechstündigem Schlaf war das private Vergnügen vorbei – es war Zeit, an die Arbeit zu gehen. Die Gruppe war ja bereits im Lager II, wo es zunehmend ungemütlicher wurde. Eine hartnäckige Schlechtwetterfront nistete sich ein, die neunköpfige Mannschaft saß in 3.000 Metern Höhe fest, an einen Rückzug war nicht mehr zu denken. Per Funk wurde Stangl angehalten, im Basislager abzuwarten, er konnte ohnehin nicht viel tun in dieser Situatuion. Nach mehreren Tagen wurde die Situation jedoch immer enger, Vorräte und Brennstoff gingen zur Neige. Eilig wurde ein Rettungsteam zusammengestellt und die Gruppe letztendlich heil ins Basislager geleitet.
Es vergingen weitere stürmische Tage des Wartens, bis das Unternehmen planmäßig durchgeführt werden konnte. Man entschied auch, im Hinblick auf den Stil des Skyrunners, auf ein Zwischenlager zu verzichten und direkt vom Lager I zum Gipfel vorzustoßen. Die Verhältnisse waren gut, wenngleich die Kälte Mensch und Material allerhand abverlangten. So fielen fast sämtliche Kameras den tiefen Temperaturen zum Opfer. Und weil niemand recht Lust hatte, eine weitere Nacht im Hochlager zu verbringen, folgte die Gruppe Christians Vorschlag und stieg umgehend ins Basislager ab. Trotz der wetterbedingten Probleme war das Unternehmen Mount Vinson für alle Beteiligen ein voller Erfolg – für Christian Stangl bedeutete der „Seven Summits-Abschluss“ den Blick nach vorne zu richten und die nächsten Projekte in Angriff zu nehmen.

Mount Vinson-Impressionen

Im antarktischen Paradies: Anmarsch zum Mount Gardner

Das Prinzip der Vergleichbarkeit und ihre Grenzen

Um alpine Leistungen bewerten zu können, brauchen wir Vergleiche. Erst durch den direkten Vergleich mit anderen Vertretern der gemeinsamen alpinen Spielart – oder mit geschichtlichen Vergleichen – sind wir scheinbar imstande, Leistungen im Groben bewerten zu können.
„I want to be like Reinhold Messner", sagte zu mir ein kolumbianischer Bergsteiger auf die Frage, warum er denn nur Achttausender besteigen wolle. Dank der bergsteigerischen Leistung und der jahrzehntelangen medialen Umsetzung von Reinhold Messner, ist die Besteigung von möglichst vielen Achttausendern heute ein Ziel für zahllose „Extreme" weltweit. Der Südamerikaner brachte es mit seiner Aussage eigentlich auf den Punkt: Ich verfolge ein anerkanntes, bereits mehrmals erreichtes Ziel im Alpinismus, und dieses Ziel ist dank seiner Vergleichbarkeit und Nachvollziehbarkeit auch für den Laien verständlich und begreiflich. Auch die Medienvertreter sind für das einfach aufzubereitende Material dankbar. Erklärungsbedarf für seine damals protagonistische Tat hatte lediglich Messner selbst – vor mehr als zwanzig Jahren. Wie bewertet man aber eine Leistung von Hansjörg Auer, der mal schnell den „Fisch" free solo klettert? Eine alpine Felsklettertour in der Marmolada Südwand im Schwierigkeitsgrad 9-. Gerade weil ich auch am Fels aktiv bin, und weil ich selber alpine seilfreie Solotouren bis zum Schwierigkeitsgrad 6+ gemacht habe, erscheint mir seine Leistung wie eine Fiktion. Mit was soll man das vergleichen? Ein Nicht-Kletterer wird Auers Leistung nicht einmal registrieren, vielleicht gerade einmal mit einem gelangweilten „ja eh super" bewerten. Ähnliche Resonanzen gab es zu meinen Serien Skyruns von 2005 und 2008. Die nackten Fakten: „Zehn Sechstausender in sieben Tagen" und „Vier Sechstausender an einem einzigen Tag" beeindruckten wenig. Entwicklung passiert – und das jeden Tag. Auch im Alpinismus. Und sie passiert so schnell, dass selbst aktive Vertreter des Sports Mühe haben, um gegenwärtige Strömungen zu verstehen.
„Skyrunning" ist ein neuer, junger Spross im Alpinismus. Es bietet eine gute Plattform, sich neue sportliche Ziele auf den höchsten Bergen der Welt setzten zu können. Alleine die Gipfel zu erreichen, erscheint mir heute schon zu inflationär. Die nächste Generation wird sich ihre Abenteuer und ihre Herausforderungen suchen – und finden.

CS

Der Skyrunner beim Überholen auf dem höchsten Berg Boliviens, Sajama, 6.542 Meter

rauf und runter

Die unbegrenzten Möglichkeiten von Neutouren
sind einfach nicht erfassbar und daher unerschöpflich.
Auch die Möglichkeiten für neue „Skyrun-Projekte“
sind unendlich.
Neue Besteigungsrekorde kann man immer aufstellen,
die Entwicklung sieht hier kein Ende vor.

CS

Aus dem Tourenbuch eines Rasenden

Aus dem alpinen Œuvre des Skyrunners

Schon bei der Konzeptionierung zu diesem Buch war klar: Eine vollständige Tourenliste bringt Christian Stangl nicht hin. Es sei nicht denkbar (also auch nicht möglich), dass er sich an all seine Unternehmungen präzise erinnern könne! Wie alle Jungbergsteiger führte er zwar anfänglich ein liebliches Tourenbüchlein, doch spätestens ab den 1990er-Jahren verschlang ein niederschriftliches Vakuum nicht nur zahllose Begehungen im Umfeld der Ennstaler Alpen, sondern auch so manche Bergfahrt im Ausland, wo auch einmal ein Vier- oder Fünftausender unter die Räder des Vergessens geriet. Seine nachfolgende Aufstellung fällt daher in die Kategorie „gut gemeint" und ist bestenfalls die Skizze einer chronologischen Ordnung. Und überhaupt, so meint er, täte es ohnehin niemanden interessieren, ob er die eine oder andere Tour 20 oder gar 50 Mal gegangen sei, auch das Fehlen so mancher klassischen Route sei demnach akzeptabel. Eigenartig auch die Abfolge seiner Liste: Sie führt von der Gegenwart zurück zu den Anfängen, eine Steigerung also, die zeitlich rückwärts verläuft ... Wie dem auch sei, hier Fragmente aus dem nicht existenten „Tourenbuch eines Rasenden":

2009	**Mount Logan**	5.959 m; Ostgrat bis auf 4.100 m King Trench Route bis 4.800 m
	CROWN OF AFRICA;	
	Die drei höchsten Gipfeln Afrikas innerhalb einer Woche	
	Batian	5.199 m
	Mawenzi	5.149 m
	Kilimandscharo	5.895 m (fünfte Besteigung)

2008	**ANTARKTIS**	
	Mount Shinn	4.660 m
	Mount Gardner	4.573 m
52. Sechstausender in den Anden		
	Cerro Pissis	6.790 m
	K2	(Versuch bis auf 8.100 m)
	Mont Blanc	Abschluss Bergführer 11. Juli

VIER SECHSTAUSENDER AN EINEM TAG 22,13 Std
Cerro Parinacota 6.330 m
Cerro Pomerape 6.240 m
Cerro Acotango 6.040 m
Volcan Guallatiri 6.052 m

2007 **ABSCHLUSS DES**
SEVEN SUMMITS SPEED-PROJEKTS
(alle Zeiten: Basislager-Gipfel)
in einer Gesamtaufstiegszeit 58,45 Std.

Mount Vinson 4.892 m
vom Basislager auf dem Braincomb Gletscher 9,10 Std.

Denali (Mount McKinley) 6.194 m
vom Landestreifen auf dem Kahiltna Gletscher 16,45 Std.

Carstensz- Pyramide 4.884 m
vom Wandfuß zum Gipfel (Harrer Route) 49 Min.

Cho Oyu als Tagestour 8.201 m
vom Basislager 5.600 m zum Gipfel 15,06 Std.

Ojos del Salado 6.893 m
vom Basislager (Refugio Atacama) zum Gipfel 3,44 Std.

Ngga Pulu 4.862m / Papua/Indonesien

Chimbote
Versuch einer Erstbesteigung bis ca. 5.400 m
Llullaillaco 6.739 m
Parinacota 6.330 m
Aconcagua 6.959 m

2006 **Mount Elbrus** 5.643 m
vom Talort Azau zum Gipfel 5,18 Std.

Mount Everest 8.848 m
vom Basislager Tibet 6.400 m 16,42 Std.

	Majadita	6.266 m	
	Ojos del Salado	6.893 m	
DREI SECHTAUSENDER AN EINEM TAG			16,16 Std.
	San Francisco	6.018 m	
	Vicuñas	6.067 m	
	Barranca Blanca	6.119 m	

2005	**Tupungato**	6.570 m	

ZEHN SECHSTAUSENDER INNERHALB VON SIEBEN TAGEN
(11.–17. 2. 05)

El Fraile	6.061 m	3,02 Std.
Incahuasi	6.621 m	5,03 Std.
San Francisco	6.018 m	3,02 Std.
Peña Blanca	6.030 m	2,59 Std.
Ermitaño	6.146 m	4,06 Std.
El Muerto	6.488 m	4,05 Std.
Ojos del Salado	6.893 m	5,32 Std.
Vicuñas	6.067 m	2,58 Std.
Barranca Blanca	6.119 m	5,28 Std.
Cerro Tres Cruces	6.748 m	6,24 Std.
Cerro Plomo	5.430 m	

Dhaulagiri Versuch,18 Std. BC bis auf 7.850 m
Pik Lenin 7.134 m

DIE ANDENTRAVERSE
900 km zu Fuß allein durch die Wüste Atacama in 34 Tagen

2004 **Kilimandscharo** 5.895 m
vom Nationalparkeingang zum Gipfel (Umbwe Route) 5,36 Std.

Broad Peak
Erster Versuch 8.000er an einem Tag ohne Fremdunterstützung

Elbrus als Bergführer

2003	**Versuch Lhotse-Everest-Überschreitung**		

JOGGING-HIGH-PROJEKT
ErsterSerienskyrun: Neun 6.000er in 18 Tagen

San Pedro	6.159 m	6,27 Std.
Aucanquilcha	6.180 m	5,30 Std.
Parinacota	6.330 m	2,22 Std.
Pomerape	6.240 m	3,06 Std.
Acotango	6.040 m	3,58 Std.
Guallatiri	6.052 m	3,57 Std.
Sajama	6.542 m	3,18 Std.
Huayna Potosi	6.088 m	2,28 Std.
Illimani	6.439 m	3,43 Std.

2002 **Aconcagua** 6.956 m
vom Plaza de Mulas Basislager zum Gipfel 4,25 Std.

Marmolejo 6.108 m
Khan Tengri 7.010 m Südwand Alpinstil

Gesäuse:
Buhlweg; Berglandriss; Gelbe Verschneidung
Erstbegehung „Steinerne Jungfrau“; Mixed Route, WI5, M7, 12 Seillängen

---

2001 **Cho Oyu** 8.201 m
Neue Route in der Nordwand, Alpinstil, solo

Palung Ri 7.012 m
Südwand, Neue Route, solo

2000 **Gasherbrum 1** 8.068 m;
Versuch einer neuen Route in der SW-Wand

1999	**Gasherbrum 1**	8.068 m; Versuch einer neuen Route in der SW-Wand
	Antisana Norte	5.200 m / Ecuador
1998	**Shisha Pangma**	8.046 m, Südwand (Britenroute) Alpinstil, solo
1997	**Sajama**	6.542 m / Bolivien
	Tupungato	6.570 m / Chile Versuch Winterbegehung
	Mururata	5.800 m / Bolivien
	Quimsa Cruz Gruppe	Granitklettereien an 5.000ern
1996	**Ojos del Salado**	6.893 m
	Chaukhamba II	Erstbegehungsversuch
1995	**Huascaran**	6.768 m Aufstieg in 18 Std. vom BC Skiabfahrt
	Nevado Pisco	5.800 m
1993	**Latok II**	7.156 m, Westpfeiler; Anreise per Landweg von Österreich;
	Demavend	Iran
	Aconcagua	(ohne Gipfel)

1992 **Gesäuse**
Regeneration nach Unfall; Skitouren, Klettereien im Gesäuse; Scheiblingstein Westwand; Winterbegehung der Dachl-Rosskuppenverschneidung

1991 **Ogre** 7.286 m,
Versuch einer Zweitbegehung;
Lawinenunfall: Oberschenkelbruch und Lungeninfarkt.

1990 **SECHSMONATIGE SÜDAMERIKA REISE**
Aconcagua 6.956 m; Sportklettern in Bolivien:
Erstbegehungen **„Techo de los Locos"** etc. Versuch **Chacraraju** 6.112 m solo in der **Cordillera Blanca** in Peru. **Huascaran.**
Reise in das peruanische Amazonasgebiet (Nähe Iquitos)
5 + 6.000er

Huayna Potosi Westwand;
Huayna Potosi Nordwestwand Neutour: „Cabeza de Perro"
Alpamayo Chico Südwand;
Condoriri Überschreitung;
Nevado Wyoming Couloir in der Südwand

1989 Erstes Semester Bergführerausbildung; Lawinenfachkurs; Felskurs Dachstein. Im Sommer Aspirantenpraktikum im Wilden Kaiser/Hans Berger Haus. Klassische Touren im Wilden Kaiser.
Winterbegehung Clochard Pfeiler; Versuch „Reibeisen" in der Hochtor Nordwand im Winter

1988 „Mehrfachskitouren" im Hochschwab
Westalpen:
Becca di Monciair Nordwand; Gran Paradiso Nordwestwand; Aiguilles du Midi Südwand; Grand Capucin Ostwand; Aiguilles d'Argentiere Westgrat; Les Courtes Rébuffat-Pfeiler; Gesäuse Dachl-Komplizierte

Gesäuse Nordwandachter:
Peternschartenkopf Nordwand - Planspitze Nordwestwand
Peternschartenkopf Nordostwand - Peternpfad - Rosskuppenkante - Peternpfad - Hochtor Nordwand, Pfannl Maischberger - Hochtor Nordwand Jahn/Zimmer
Gesamt 8 Std., 32 Minuten
Alpine Solos bis VI+ (Dachl-Nordwand; Superlux)

1987 **Wintersolos im Gesäuse:** Versuche an Planspitze NW und Peterschartenkopf Nordwand; Sportklettern bis UIAA 7
Mont Blanc: Tour Ronde Nordwand solo
Großglockner Palavicinirinne solo
Rosskuppenkante solo
Dachstein Südwand solo

1986 **Klettereien im Gesäuse**
vornehmlich viele „alte“ Wege solo
Sellnerweg/Planspitze Nordwand
Lugauer unmittelbare Nordwand
Keidel-Wessely Kamine/Planspitze Nordwand
Gr. Buchstein Westgrat
Jahn-Zimmer/Hochtor Nordwand
Jahnweg/Bischofsmütze

1985 Peternschartenkopf Nordwand, Tieflimauer Westkante
Radreise quer durch die Alpen
(Besteigung des Matterhorns); Weiterfahrt nach Chamonix/Les Huches (Besteigung des Mont Blanc); Weiterfahrt zur Kleinen Scheidegg (Besteigung Eiger); Weiterfahrt Bernina Pass (Piz Palü Überschreitung); Weiterfahrt nach Sulden (Besteigung Ortler, Piz Cevedale, Zufallsspitze, Königsspitze), Rückfahrt nach Landl. Gesamt: 28 Tage.

1984 **Beginn Fels- und Eisklettern in Ost- und Westalpen**
14. Oktober: Erste Klettertour: Kaibling Südgrat mit Franz Huber und Ernst Tramberger

1980 Erste selbständige Bergtouren; Wandern, Klettereien bis III+

1975 **Kalte Mauer**/Hochschwab 2. August;
Begehung ohne Fremdunterstützung!

1968 **Ötscher**

Gesäuse Nordwandachter:
1 Aufstieg: Peternschartenkopf, Nordwand
2 Abstieg: Planspitze, Nordwestwand
3 Aufstieg: Peternschartenkopf, Nordostwand
4 Abstieg: Peternpfad
5 Aufstieg: Rosskuppe, Nordwestkante
6 Abstieg: Peternpfad
7 Aufstieg: Hochtor Nordwand, Pfannl Maischberger
8 Abstieg: Hochtor Nordwand, Jahn-Zimmer
Gesamt: 8 Stunden 32 Minuten

angepasst

Ich bin so schnell, dass mein Körper anscheinend gar nicht bemerkt, was mit ihm passiert.
Bevor die Akklimatisation eintritt, bin ich schon wieder unten.
Die Höhenkrankheit tritt meist nachts in den Lagern auf. Und die gibt es bei mir ja nicht.
Ich überspringe sozusagen die Inkubationszeit der Höhenkrankheit.

CS

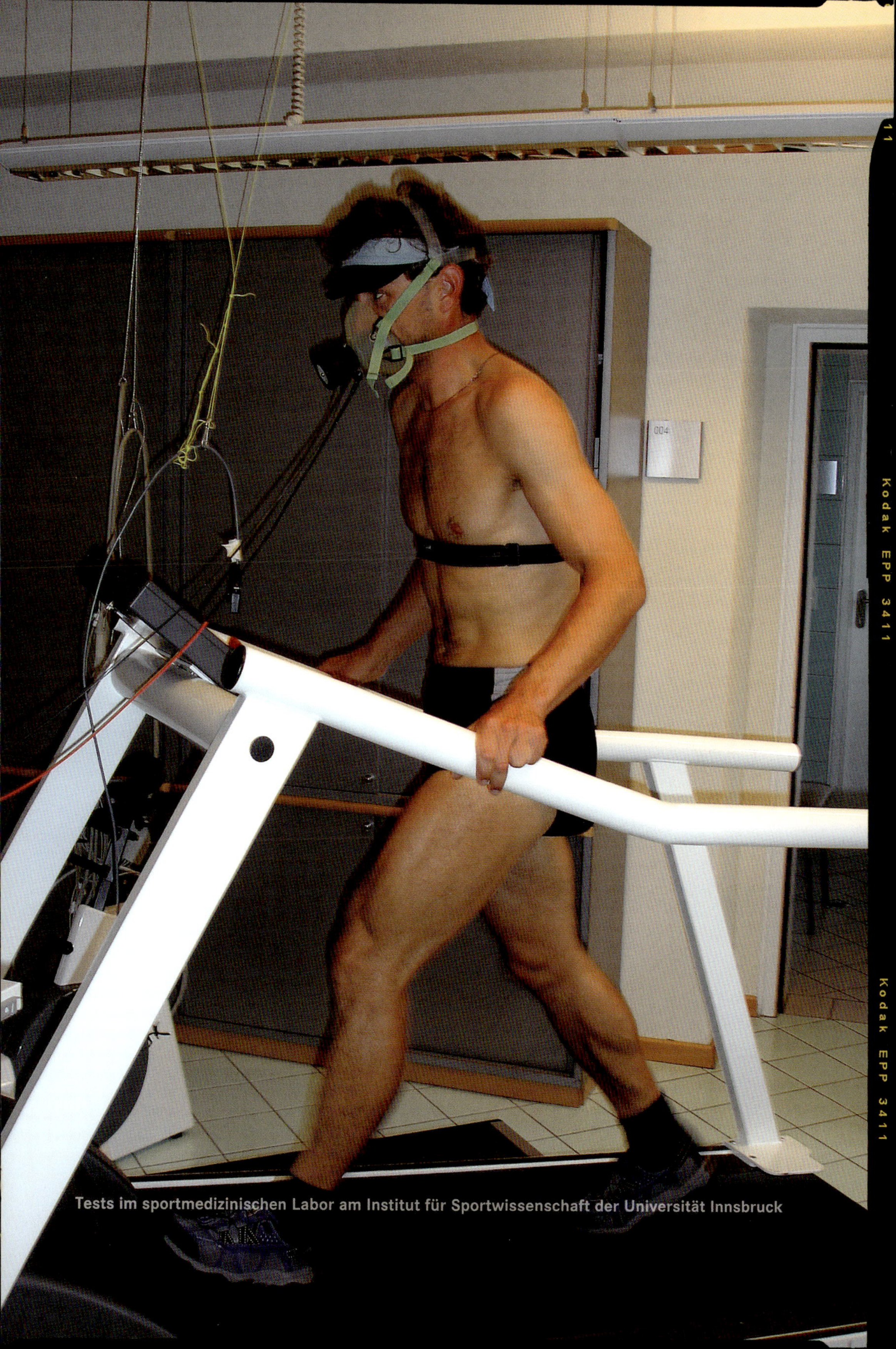

Tests im sportmedizinischen Labor am Institut für Sportwissenschaft der Universität Innsbruck

Das Phänomen des Probanten CS

Physiologische Basis für die Ersteigung des Mount Everest in einem Tag

Herr Christian Stangl zählt zu jener Handvoll von Bergsteigern, die heute in der Lage sind, den höchsten Berg der Erde vom Basislager zum Gipfel und wieder zurück in einem Tag zu bewältigen. Stangl (41 Jahre, 181 cm, 77 kg) schaffte dies vom vorgeschobenen Basislager in 6.300 Meter auf der Nordroute zum Gipfel (8.844 Meter) und zurück ohne künstlichen Sauerstoff in 16 Stunden und 42 Minuten. Welche physiologischen Eigenschaften befähigen ihn zu dieser außergewöhnlichen Leistung? Um diese Frage zu klären, führten wir verschiedene sportmedizinische Tests in Tallage und in einer simulierten Höhe von ~ 5000 m durch. Es zeigte sich, dass seine Blutzusammensetzung (Hämoglobinkonzentration: 16 g/dl), seine Vitalkapazität (nach maximaler Einatmung ausgeatmetes Luftvolumen: 5, 5 l) und seine anaerobe Leistungsfähigkeit (Sprintleistung) durchaus mit Werten „normaler“ Ausdauersportler vergleichbar sind. Seine Lungendiffusionskapazität und seine ventilatorische Kapazität (maximal willkürliches Atemminutenvolumen) waren jedoch klar überdurchschnittlich (~ 130 % der erwarteten Normalwerte).
Die Ergebnisse der maximalen (Ausdauer)Belastungstests in Tallage (600 m) und in simulierter Höhe (~5.000 Meter) sind in der folgenden Tabelle dargestellt.
Tabelle: Maximale Sauerstoffaufnahme (VO_2max), maximales Atemminutenvolumen (VEmax) und Atemminutenvolumina bei 85 % der VO_2max (= seine Dauerleistungsgrenze). MVV = maximal willkürliches Atemminutenvolumen

Höhe	600 m	5.500 m
VO_2max (mL/min/kg)	65	49
85 % VO_2max (mL/min/kg)	55	42
VEmax (L/min)	133	170
VE bei 85 % VO_2max (L/min)	85	111
VE bei 85 % VO_2max / MVV (%)	40	52

Christian Stangl besitzt eine hohe maximale Sauerstoffaufnahme (VO2max) von ~ 65 ml/min/kg. Dennoch ist diese im Vergleich zu Spitzenausdauersportlern nicht außergewöhnlich. Sie ist aber gerade so hoch, dass der höhenbedingte Abfall (~ 10 % pro 1.000 Meter ab 1.500 Meter) auch über 8.000 Meter noch ein kontinuierliches Ansteigen ohne künstlichen Sauerstoff gewährleistet. Mit einer normalen VO_2max von z. B. 40 ml/min/kg wäre dies nicht mehr möglich! Außerdem beträgt der tatsächliche Leistungsabfall in 5000 m bei Stangl nur 25 % gegenüber den erwarteten 35 %. Eine höhere VO_2max als 65 ml/min/kg würden in 8.000 Meter Höhe vermutlich nicht mehr hilfreich sein, da der damit verbundene hohe Blutfluss durch die Lungenkapillaren bei der geringen Sauerstoffkonzentration in den Lungenbläschen eine ausreichende Beladung des Hämoglobins mit Sauerstoff nicht mehr zulassen würde.
Besonders auffallend sind auch die sehr ökonomischen Herzkreislauf- und Atemreaktionen bei Belastungen bei oder unterhalb seiner Dauerleistungsgrenze. Dies bedingt, dass Stangl auch bei lang dauernder Belastung in der Höhe nur wenig ermüdet. Die hohe Atemeffizienz ist mit geringer Atemarbeit und geringem Wasser- und Wärmeverlust durch die Atmung verbunden, was in großer Höhe von besonderer Bedeutung ist. Außerdem besteht dann noch eine große nutzbare Atemreserve für die enormen Belastungen in Gipfelnähe des Mount Everest.
Diese physiologischen Gegebenheiten sind ohne Zweifel eine wichtige Basis für die sehr außergewöhnlichen Leistungen des Skyrunners, sie sind aber nicht allein entscheidend. Jahrzehntelange Alpinerfahrung, konsequentes und umfangreiches sportartspezifisches Training, adäquates Risikoabschätzungsvermögen, geringe Verletzungsanfälligkeit und besonders die bis ins kleinste Detail durchdachte Logistik der Vorbereitungen (Akklimatisation) und Durchführung der Unternehmungen komplettieren das Eigenschaftsprofil des erfolgreichen Skyrunners Christian Stangl.

Martin Burtscher
Universität Innsbruck und Österreichische Gesellschaft für Alpin- und Höhenmedizin

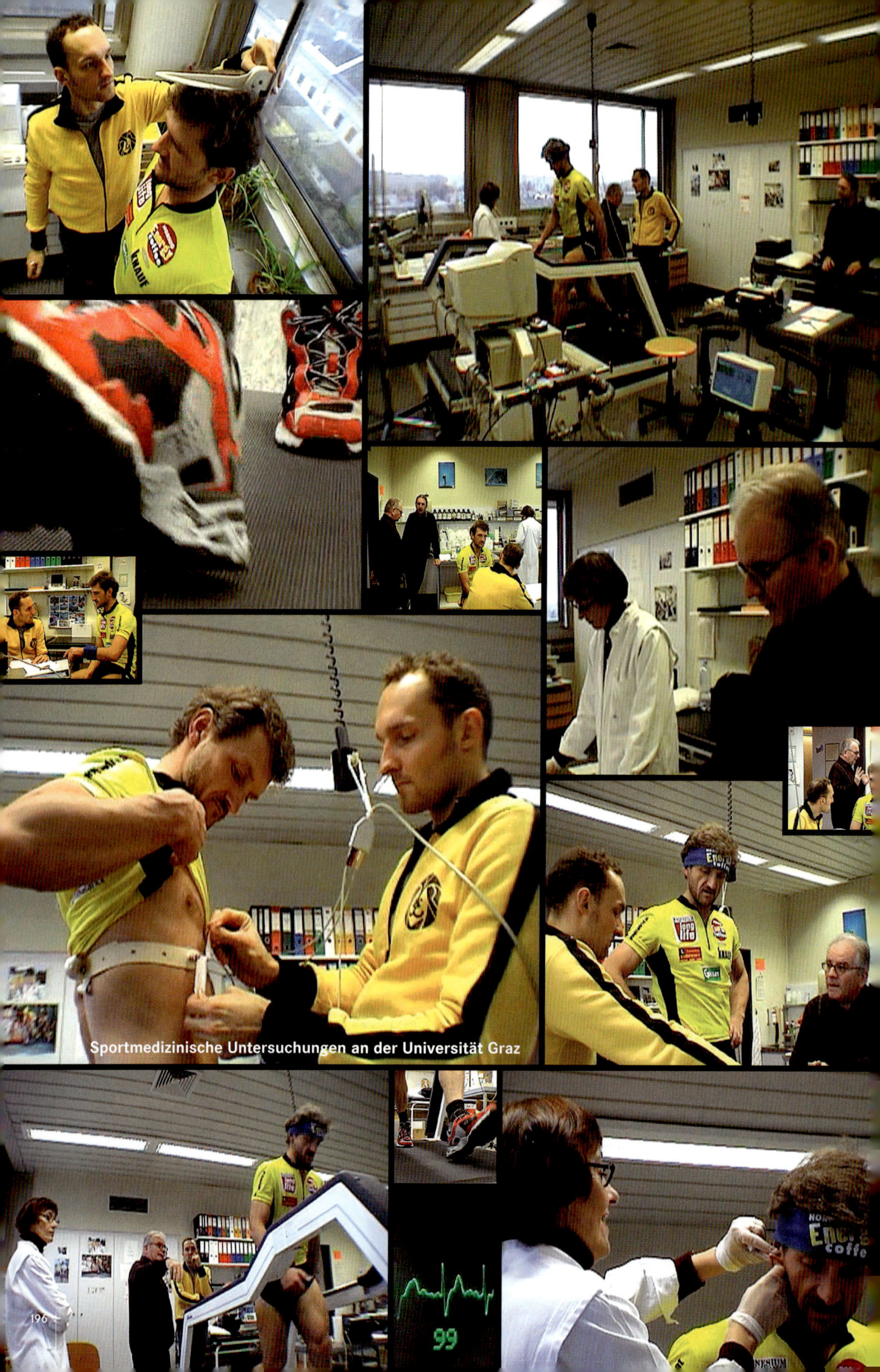

Sportmedizinische Untersuchungen an der Universität Graz

Respiratory Physiology & Neurobiology xxx (2009) xxx–xxx

Contents lists available at ScienceDirect

Respiratory Physiology & Neurobiology

ELSEVIER

journal homepage: www.elsevier.com/locate/resphysiol

Letter to the Editor

Physiological basis to climb Mt. Everest in one day

We have never thought that someone could climb to the top of Mt. Everest in a single day; and this without supplemental oxygen. However, we can report here on such amazing achievement.

Usually the maximum oxygen consumption ($\dot{V}O_2$ max) declines by ~10% per 1000 m elevation gain above 1500 m (Buskirk et al., 1967). Thus, a $\dot{V}O_2$ max > 60 mL/min/kg, a high anaerobic threshold and walking economy will be necessary to move continuously without artificial oxygen above 8000 m. But a problem arises from the fact that $\dot{V}O_2$ max is closely related to cardiac output and that a high cardiac output at high altitude increases the limitation of pulmonary oxygen uptake due to a lower pulmonary capillary transit time (Piiper and Scheid, 1981). Therefore we were interested to learn about the physiological make up of a mountaineer who can climb Mt. Everest in one day.

Recently such a mountaineer (C.S., male, 40 yrs, 181 cm, 77 kg) climbed Mt. Everest on the north route from 6300 m to the top (8844 m) in 16 h and 42 min without supplemental oxygen. We got the opportunity to do several incremental exercise tests to exhaustion (~9–12 min) with C.S. at low (600 m) and simulated (normobaric, FIO_2: 11.8%, ~5000 m) acute high altitude.

At low altitude his $\dot{V}O_2$ max (Oxycon Alpha, Jaeger, Germany) (Table 1) was not notably high, e.g. compared to elite mountain runners (Burtscher et al., 2008), and the haemoglobin concentration (16 g/dL) and forced expiratory vital capacity (5.5 L) were in the normal range. But C.S. demonstrated above-average maximal voluntary ventilation (MVV) (Table 1), resting lung diffusion capacity for carbon monoxide (DL_{CO}) and DL_{CO} divided by the alveolar volume (115% and 132% predicted) (ZAN 300, Germany). His cardio-respiratory responses and blood lactate accumulation during exercise at 85% $\dot{V}O_2$ max (Table 1) were very low indicating a high cardiovascular and ventilatory efficiency. During sub-maximal exercise the ventilatory equivalents dropped below 20 for oxygen ($\dot{V}E/\dot{V}O_2$) and carbon dioxide ($\dot{V}E/\dot{V}CO_2$) with a very small increase of $\dot{V}E/\dot{V}CO_2$ up to exhaustion. At simulated acute high altitude (5000 m), arterial oxygen saturation (SaO_2) and $\dot{V}O_2$ max decreased to a clearly lesser extent than in normal mountaineers. $\dot{V}O_2$ max decrease was only ~25% instead of the expected 35% even though C.S. was not optimally acclimatized to high altitude. Minute ventilation at 85% $\dot{V}O_2$ max was only 52% of MVV at 5000 m indicating a large ventilatory reserve. MVV would even be increased by the reduced air density at hypobaric altitude.

Extensive mountaineering experience and climbing economy, in addition to psychological factors, sophisticated training and pre-acclimatization methods, low backpack weight and favourable track conditions played a role in the truly remarkable performance of C.S. at extremely high altitude. However, the specifically trained leg muscles and the associated low sympathetic stimulation with low blood lactate accumulation and very efficient cardio-respiratory responses may markedly contribute to fatigue resistance during long ascents in hypoxia. The relatively small decrease of SaO_2 indicates a favourable relationship between cardiac output and lung diffusion. Maintenance of sufficient oxygen delivery at extreme altitudes is supported by high lung diffusion and ventilatory capacities (Hsia, 2001). Additionally, high ventilatory efficiency reduces the work of breathing as well as heat and water loss, both of which are of utmost importance at extreme altitudes, and allows sufficient ventilatory reserve to meet the very high requirements when approaching the summit of Mt. Everest (Bernardi et al., 2006).

Table 1
Cardio-respiratory responses and blood lactate accumulation during maximal and sub-maximal exercise at low and simulated (normobaric, acute) high altitude.

Altitude	600 m	5000 m
$\dot{V}O_2$ max (mL/min/kg)	65	49
$\dot{V}E$ max (L/min)	133	170
MVV (L/min)	215	215
HRmax (b/min)	176	176
85% $\dot{V}O_2$ max (mL/min/kg)	55	42
SaO_2 at 85% $\dot{V}O_2$ max (%)	96	74
HR at 85% $\dot{V}O_2$ max (b/min)	143	141
La_b at 85% $\dot{V}O_2$ max (mmol/L)	2.3	3.2
$\dot{V}E$ at 85% $\dot{V}O_2$ max (L/min)	85	111
$\dot{V}E$ at 85% $\dot{V}O_2$ max /MVV (%)	40	52

$\dot{V}O_2$ max: maximal oxygen consumption, $\dot{V}E$ max: maximal minute ventilation, MVV: maximal voluntary ventilation, HRmax: maximal heart rate, SaO_2: arterial oxygen saturation, La_b: blood lactate.

References

Bernardi, L., Schneider, A., Pomidori, L., Paolucci, E., Cogo, A., 2006. Hypoxic ventilatory response in successful extreme altitude climbers. Eur. Respir. J. 27, 165–171.
Burtscher, M., Förster, H., Burtscher, J., 2008. Superior endurance performance in aging mountain runners. Gerontology 54, 268–271.
Buskirk, E.R., Kollias, J., Akers, R.F., Prokop, E.K., Reategui, E.P., 1967. Maximum performance at altitude and return from altitude in conditioned runners. J. Appl. Physiol. 23, 259–266.
Hsia, C.C., 2001. Coordinated adaptation of oxygen transport in cardiopulmonary disease. Circulation 104, 963–969.
Piiper, J., Scheid, P., 1981. Model for capillary-alveolar equilibration with special reference to O_2 uptake in hypoxia. Resp. Physiol. 46, 193–208.

Martin Burtscher [a,b,*]
Hannes Gatterer [a]
Wolfgang Domej [b,c]
[a] *Department of Sport Science, Medical Section, University of Innsbruck, Austria*
[b] *Austrian Society for Mountain Medicine, Innsbruck, Austria*
[c] *Department of Pneumology, Medical University of Graz, Austria*

* Corresponding author at: Department of Sport Science, Medical Section, University of Innsbruck, Fürstenweg 185, A-6020 Innsbruck, Austria.
E-mail address: martin.burtscher@uibk.ac.at (M. Burtscher)

1569-9048/$ – see front matter
doi:10.1016/j.resp.2008.12.012

Please cite this article in press as: Burtscher, M., et al., Physiological basis to climb Mt. Everest in one day. Respir. Physiol. Neurobiol. (2009), doi:10.1016/j.resp.2008.12.012

Höhen-krankheit?

Ich war Zeit meines Lebens nie ernsthaft höhenkrank – Gott sei Dank! Sehr wohl hatte ich im Frühstadium meiner bergsportlichen Laufbahn und im Zusammenhang meines Trainings Phasen erreicht, die eine sehr ähnliche Symptomatik aufwiesen. Die angegeben Fälle traten allerdings auch zwischen 700 Meter und maximal 2.300 Meter Seehöhe auf.

Erstens: Der überproportionale Trainingsreiz. Ein zwölfstündiger Berglauf kann beispielsweise unter Umständen – z. B. bei schlechtem Allgemeinzustand – am Ende Symptome verursachen, als wäre man schwer höhenkrank. Appetitlosigkeit, eklatanter Leistungsabfall, kaum mehr fähig zu gehen, Probleme, das sichere Tal zu erreichen. Solche Zustände werden auch von untrainierten Bergsteigern in großer Höhe schnell erreicht und werden oft mit Höhenkrankheit verwechselt. Wer in den untersten Höhenlagen (bis etwa 2.500 Meter) Probleme hat, eine große körperliche Leistung über mehrere Stunden zu vollbringen, wird es auch in großen Höhen nicht können. Das Tragen eines schweren Rucksacks in tiefem Schnee über mehrere Stunden, wie es beim klassischen Bergsteigen oft vorkommt, bringt schlecht Trainierte rasch an die Leistungsgrenze.

Zweitens: Das Übertraining. Zu viele und zu intensive Trainingsreize, gepaart mit unzureichenden Erholungsphasen, lassen eine Symptomatik entstehen, die hauptsächlich gekennzeichnet ist von Schlaflosigkeit, Appetitlosigkeit, erhöhtem Ruhepuls und immer schlechter werden-

dem körperlichen Allgemeinzustand. Solche Zustände können auch für schlecht Trainierte rasch zum Problem werden, wenn beispielsweise in einer Schönwetterphase am Anfang einer alpinen Unternehmung sprichwörtlich Tag und Nacht daran gearbeitet wird, um alle Hochlager einzurichten und die erforderlichen „Akklimatisationsgänge“ vor dem geplanten Gipfelgang hinter sich zu bringen.

Amateure haben oft keine Ahnung, was sie ihrem Körper während einer mehrwöchigen Bergfahrt in die Anden oder den Himalaja alles abverlangen. Wer hier nicht weiß, wie sich „Übertraining“ am eigenen Körper auswirkt, wird bei einem etwaigen Versagen in großen Höhen schnell die „Höhenkrankheit“ für sein Dilemma verantwortlich machen.

Ich will damit aber auf keinen Fall sagen, dass die Höhenkrankheit nicht existiert, aber für ein hausgemachtes Unvermögen darf sie nicht gleich vorrangig als „Sündenbock“ hingestellt werden.

Sportliches und leistungsorientiertes Bergsteigen – wie es im Falle „Skyrunning“ der Fall ist – trägt entscheidend dazu bei, dass sich die Bewerber schon im Vorfeld einer Bergbesteigung/Belaufung intensiv mit ihrer eigenen Leistungsfähigkeit auseinandersetzen müssen. Begriffe wie Trainingsumfang, Trainingsintensität, Häufigkeit, Periodisierung, zielorientiertes Training, Trainingssteuerung etc. sind für solche sportlich motivierte Berg-Besteiger keine Fremdwörter mehr, und die Wahrscheinlichkeit von Ausfällen aufgrund von körperlichem Unvermögen sinkt rapide.

CS

Training

Sie laufen mit einem Traktorreifen im Schlepptau dreißg Grad steile Schotterhänge hinauf …

… damit ich einen erhöhten Widerstand habe, ja. Der ist mit dreißig Kilogramm sogar ziemlich erhöht. Aber wenn ich mit dem Ding vier Stunden zügig bergauf gehe, dann spüre ich am nächsten Tag den Effekt. Ich nenne den Reifen übrigens die „Bestie", weil ich so eine spezielle Form von Aggression gegen ihn entwickelt habe.

Andreas Lesti, FAZ – 2007/244

Formel für Kernfragen
KNAUF
Kodak EPP 3411
Kodak EPP 3411

Vom Prinzip der Trainingsformel

Christian Stangl lebt im Gesäuse. Nicht nur, weil der alpine Kosmopolit hier gebürtig und stark verwurzelt ist, sondern weil er da – quer durch alle Jahrezeiten – die perfekten Trainingsbedingungen für seine spektakulären Bergfahrten vorfindet. Im vorigen Kaptitel weist Christians Sportarzt, Dr. Martin Burtscher, auf das „konsequente, umfangreiche und sportartspezifische Training" des Skyrunners hin. Seine Leistungen kommen also nicht von ungefähr. In den Ennstaler Alpen ist Chri bekannt, mittlerweile wundert sich niemand mehr, wenn er in irgendeiner steilen Leiten mit einem Traktorreifen dahergerannt kommt. Oder wenn er in steilem Fels vorbeihuscht, also gerade dabei ist, eines seiner berühmten „Hatzerl" zu absolvieren. Und wenn er auf dem Rad durch den Ort tritt und man fragt genauer nach dem woher oder wohin, kann die Anwort lauten: „Ich zisch nach Gibraltar, komm grad aus Palermo oder hab Neuseeland umrundet." Schlimm wird's dann, wenn man im Zuge einer Skitour von ihm überholt wird. Ohne Ski, hüfttief im Schnee watend! Stangl ist Berufsbergsteiger. Intensives Training gehört zum Job. Und entsprechend professionell beschäftigt er sich auch mit diesem essentiellen Thema. Häufig wird er auch darauf angesprochen, weshalb eine eigene, von ihm verfasste Abhandlung notwendig schien. Christian Stangl zum Thema Training:

Per Rad von Admont nach Gibraltar, nach Palermo, Athen, rund um Neuseeland ...

Die Kontingenzformel des Leistungssports

„Als Training bezeichnet man alle Maßnahmen, die zum Erhalt oder zur Verbesserung der körperlichen und/oder der geistigen Leistungsfähigkeit beitragen.“ Damit ist eigentlich schon alles gesagt, und es bleiben also nur mehr „kleinere“ Fragen wie: Wie oft? Wie intensiv? Was? Wie lange? Warum? In welcher Reihenfolge trainiert man was genau, um in einer speziellen Sportart erfolgreich zu sein? Leistungsorientiertes Training, welches immer ein Maximieren der körperlichen und damit auch der geistigen Leistungsfähigkeit zum Ziel hat, ist sehr komplex und besteht aus einer Anzahl verschiedener „Ingredienzien“, die auf die jeweilige Sportart sorgfältig abgestimmt werden müssen, um ein optimales Ergebnis zu erzielen. Als „Ingredienzien“ bezeichne ich die acht Trainingsprinzipien, die grundsätzlich auf alle Leistungssportarten anwendbar sind. Erfunden habe ich diese Trainingsprinzipien nicht, aber jeder, der sich jemals mit dem physiologischen Phänomen des Sports ernsthaft auseinandergesetzt hat, wird um diese acht „Zutaten“ des Leistungssports nicht herumkommen. Der Grund, hier eine kurze Abhandlung über „Training“ zu bringen, hat seinen Ursprung in einigen Fragestellungen, die in präziser Regelmäßigkeit immer wieder nach meinen Vorträgen auftauchen. Dabei handelt es sich um vier Kernfragen:

1. Wie viel trainieren Sie pro Tag?

Die erste Frage richtet sich nach dem Trainingsumfang pro Tag, der jedoch keinen Aufschluss über die Qualität des Trainings gibt. Es gibt auch Tage, an denen ich überhaupt nicht trainiere, und es gibt Tage, an denen ich mich bezüglich Umfang an die „zu erwartende Belastung annähere“, d. h., wenn ich eine 24-Stunden-Aktion plane, kommt es vor, dass ich vorher an die 24 Stunden pro Tag trainiere, um eben ein Gefühl für eine „Ein-Tages-Tour“ zu bekommen. „Wer mehr trainiert muss besser sein“, ist eine völlig falsche Schlussfolgerung.

Der Skyrunner und die „Bestie“: „Am nächsten Tag spüre ich den Effekt ...“

2. Wenn Sie so schnell sind, wie lange brauchen Sie dann für einen Marathon?

Ich bezeichne mich als „Skyrunner“, und als solcher steige ich schnell auf Berge hinauf. Nimmt man mein abgeschlossenes „Seven Summits Speed-Programm“ her, bestehen meine Fortbewegungstechniken aus: schnellem Gehen, schnellem Gehen mit Steigeisen, Laufen, Berglauf, Ski-Schnellbegehungen, Schnellklettern im Fels, Schnellklettern im Eis. Laufen auf der Ebene kommt nicht vor. Also auch keine Marathons. Genauso gut könnte man Lance Armstrong (mehrfacher Tour de France-Sieger und der hat sicher eine „Bomben-Kondition“) fragen: Wie schnell laufen Sie einen Marathon? Dass der ohnehin äußerst unpräzise Begriff „Ausdauer“ immer gleich mit „Marathon“ assoziiert wird, ist mir persönlich eigentlich noch immer unklar.

3. Haben Sie Trainingstipps?

Einen Tipp kann es nur zu einem speziellen Problem geben. Die Frage nach einem Trainingstipp im Allgemeinen kann ich einfach nicht beantworten, weil ich:

- nichts vom aktuellen Trainingsstand des Sportlers weiß,
- seine Schwächen und Defizite nicht kenne,
- sein Ziel nicht kenne,

• zu anderen Sportarten (Radsport, Marathon, Triathlon etc.) überhaupt keine Auskunft geben kann, weil ich mich auf diesen Gebieten nicht auskenne.

4. Was soll ich trainieren?
Verstärkt trainieren sollte man immer seine Schwächen. Muss aber nicht heißen, dass in Sportarten in denen „Ausdauer“ (in welcher Form auch immer) eine zentrale Rolle spielt, auch die Ausdauer trainiert werden muss. Oft wirkt ein „Techniktraining“ Wunder. Zappelt einer mit Steigeisen in einem mäßig geneigten Schneefeld umeinander und scheint einfach keine Meter zu machen, muss dies nicht zwangsläufig mit schlechter „Ausdauer“ zusammenhängen. Unsicherheiten im Steigeisengehen machen ihn langsam. Also sind hier ein paar Einheiten Technik gefragt.
Die Schwierigkeit, „eigene Schwächen“ zu trainieren, liegt oft darin, dass diese Schwächen gar nicht als Schwächen erkannt werden. Hier hilft nur ein Trainer, der den Gesamtkomplex Sportler scannt und Defizite sofort erkennt. Zum anderen arbeitet man nicht gerne an seinen Schwächen, sondern wendet sich einem Training zu, das man halt einfach gerne macht. Und man sollte auch nie vergessen, dass scheinbar „einfache“ Sportarten wie Laufen, Gehen, Skitouren Gehen/Laufen, auch eine Technik benötigen, und je besser man diese beherrscht, desto ökonomischer kann sich der Sportler bewegen. Es scheint also, dass dieses physiologische Sportverständnis in der Bevölkerung nicht besonders hoch ist. Aber wen wundert das, wenn man bedenkt, wie stark das Wort Sport in der Gegenwart missbraucht wird bzw. wie einseitig der Begriff Sport verwendet wird. In einer Sportsendung geht es meist um die Anzahl der Tore und wer irgendwo schneller runtergefahren ist – also um simple Zahlenvergleiche. Und das war es dann auch schon.

Ausgedehnte Bergläufe gehören zum Standardprogramm

Haben Sie in einer Sportsendung schon einmal was über „Superkompensation“ gehört? Hat Ihnen der fesche Sportreporter jemals was über „Jahresperiodisierung“ erklärt oder warum Sie um eine „Trainingssteuerung“ im Leistungssport schlichtweg nicht herumkommen? Jürgen Weineck hat schon vor Jahrzehnten eine „Bibel des Trainings“ geschaffen, die bis heute nichts von ihrer Gültigkeit verloren hat. Ausgehend von dieser Urbibel wurde bis heute eine Vielzahl von Trainingsbüchern publiziert, alle basieren auf einem Thema:

Die Trainingsprinzipien:

- Optimale Relation von Belastung und Erholung
- Progressive Belastungssteigerung
- Wirksamer Belastungsreiz
- Belastungsvariation
- Wiederholung und Kontinuität
- Periodisierung und Zyklisierung
- Individualisierung und Altersgemäßheit
- Vorrangigkeit und zielgerichtete Koordination

Ein Training, das zur Verbesserung der Leistungsfähigkeit absolviert wird, sollte alle diese oben genannten Trainingsprinzipien (= Zutaten eines Trainings) berücksichtigen. In welchem Maße und wie intensiv jedes Prinzip zum Einsatz kommt, hängt individuell vom Sportler und seinem Ziel ab.

Ich kann hier im Zusammenhang „Trainingsprinzipen" nur kurz wiedergeben, was im Einzelnen darüber gemeint ist. Wer sich dafür speziell interessiert, dem empfehle ich: „Optimales Training" von Jürgen Weineck.

Optimale Relation von Belastung und Erholung
Man wird in der Erholung stärker, nicht in der Belastung. Erholungspausen müssen der Belastung individuell angepasst sein. Bei zu kurzen Erholungsphasen kommt es zu einem Übertraining (Leistungsrückgang!), bei zu langen Erholungszeiten wird der biologische Anpassungseffekt (Superkompensation) nicht genutzt, und es kann zu keiner Leistungssteigerung kommen. Auf gut deutsch: Jeden Tag wie ein Verrückter das gleiche Training zu absolvieren bringt ebenso wenig, wie zweimal im Jahr für ein paar Stunden Berglaufen zu gehen.

Progressive Belastungssteigerung
Leistungsorientierte Sportler sollten schon wissen „wann es um die Wurscht" geht, dementsprechend planen sie ihr Training. In der Vorwettkampfphase wird das Training intensiv sein und die Gesamtbelastung hoch. Das sollte man aber nicht mit dem Belastungsumfang verwechseln, der nimmt in der Regel eher ab.

Wirksamer Belastungsreiz
Selbst die kleinste Trainingseinheit sollte so gestaltet sein, dass sie einen Reiz auf den Körper ausübt. In der Vorwettkampfphase eines Radsportlers wird ein lockerer Radausflug durch die Wachau nichts mehr bringen. Seine Muskulatur und sein Gesamtzustand verlangt nach einem intensiveren und stärkeren Trainingsreiz.

Belastungsvariation
Nicht immer das Gleiche machen! Schnell laufen kann man einfach nicht nur durch „schnell laufen" lernen. Man kann hier variieren, indem man: die Laufstrecken ändert, Sprinttrainings mit Widerstand macht, Intervalltraining etc. Eine meiner klassischen Belastungsvariation (Gehen bergauf mit erhöhtem Widerstand) ist das Bergwandern mit einem Traktorreifen im Schlepptau. Das gibt einen immensen Reiz auf die gesamte Körpermuskulatur.

Wiederholung und Kontinuität
Um den Effekt der Superkompensation nutzen zu können, muss man kontinuierlich trainieren. Die Häufigkeit des Trainings gibt der individuelle Trainingszustand vor. Als Anfänger kann man nicht den Trainingsplan von

Profis kopieren, weil der Untrainierte mit Sicherheit nicht in der Lage ist, so hohe Anforderungen bzw. Wiederholungen von Trainingseinheiten durchzustehen. Erst bei fortgeschrittenem Trainingszustand wird der Körper lernen, sich schneller zu erholen. Es ist unzweckmäßig, eine Woche lang den Trainingsplan perfekt einzuhalten, dafür in der Woche danach aus irgendwelchen Gründen wieder nichts zu machen.

Periodisierung und Zyklisierung

Kein menschliches Individuum kann über einen langen Zeitraum hinweg konstant hohe Leistung bringen. Die Kunst von Spitzensportlern besteht darin, ihr Leistungsvermögen ein bis zweimal pro Jahr auf einen Höchststand zu bringen und zwar genau dann, wenn es „darauf ankommt". Dazu bedient man sich der Trainingssteuerung. Diese Steuerung ist Teil der Trainingsplanung und hat nur dieses Ziel, dass der Sportler zum Zeitpunkt X wirklich topfit ist. Man sollte niemals vergessen, dass nach jeder Höchstleistung eine Zeit der „Rezession" folgt. Das ganze Jahr über nur „gut beieinander" zu sein, ist dem Gesundheitssport sicherlich förderlich, Spitzenleistungen kann man so nicht erbringen.

Individualisierung und Altersgemäßheit

Auch wenn Sportler die gleiche Sportart ausüben, und wenn sie annähernd das gleiche Niveau haben, sie werden sehr wahrscheinlich unterschiedlich trainieren müssen, um sich steigern zu können. Jedes Individuum hat andere genetische, physikalische, biochemische Grundvoraussetzungen und die müssen alle anders bedient, d. h. trainiert werden. Und dazu zählt auch das Alter. Im Alter verlangsamt sich der Stoffwechsel und das bedingt eben längere Erholungszeiten. Wer dies nicht berücksichtigt, läuft Gefahr, ein Übertraining zu provozieren und dies ist bekanntlich kontraproduktiv.

Vorrangigkeit und zielgerichtete Koordination

Gemäß der „Belastungsvariation" sollte man nicht immer das Gleiche machen. Das ist auch gut so, aber je näher man sich seiner persönlichen Höchstleistung in seiner spezifischen Sportart nähert, desto mehr wird man ausschließlich in dieser Sportart trainieren. Das heißt ganz banal ausgedrückt: Ein Tour de France-Teilnehmer wird nicht noch die Woche zuvor Marathon laufen. Klingt logisch, aber sehr viele Sportler halten sich eben nicht an dieses Prinzip. Besonders viele sogenannte „Höhenbergsteiger" verstoßen gegen dieses Prinzip, indem sie ihr Wintertraining fast nur auf Skitouren beschränken und danach im Vormonsun im Himalaya doch wieder nur „zu Fuß gehen mit Steigeisen an den Füßen" gefragt ist. Das Prinzip der Vorrangigkeit und zielgerichteten Koordination wird dabei komplett ignoriert.

Teil der Trainingsstrategie: Vielseitigkeit ...

Prinzipiell sollte ein professioneller Trainingsaufbau immer alle Trainingsprinzipien berücksichtigen. Für den sportlichen Anfänger freilich ist es vollkommen ausreichend, nur einige Prinzipien zu berücksichtigen. Ja, oft sogar reicht das Prinzip der Kontinuität und Wiederholung. Einfach gesagt: Dass er halt immer ein bisserl was macht! Je höher der Leistungsstandart, desto präziser muss im Training vorgegangen werden.
Im Gesamtkomplex „Alpinismus" waren die Sportkletterer die Ersten, die eben diese Prinzipien berücksichtigten und dementsprechend schnellte die Leistungskurve in den letzten zwanzig Jahren nach oben.
„Skyrunning" ist eine sportlich orientierte Ausprägung im Umfeld des sogenannten „Höhenbergsteigens" und berücksichtigt in diesem Zusammenhang erstmalig diese Prinzipien zur Verbesserung der körperlichen Leistungsfähigkeit während der Besteigung von hohen Bergen ohne Verwendung von Lagerketten.
All diese beschriebenen Trainingsprinzipien beziehen sich auf die Verbesserung der körperlichen Leistungsfähigkeit. Am Anfang des Kapitels erwähne ich aber auch die Verbesserung der „geistigen Leistungsfähigkeit". Lässt sich diese überhaupt systematisch verbessern?

Ich behaupte ja, und sie ist sogar die Urkraft der Verbesserung der physischen Leistungsfähigkeit. Die Gründe dafür sind einfach und plausibel zu erklären. Wenn ich als Sportler nicht irgendwann den Entschluss fasse, mich zu verbessern (geistige Aktion) und danach gezielt über einen längeren Zeitraum danach handle, wird also gar nichts passieren. Wenn man dann sportlichen Erfolg hat, sollte man diesen als „psychologische" Trittstufe für die nächste noch größere Aufgabe sehen und sich nicht auf dem einmal Erreichten ausruhen. Hier gibt es meiner Meinung nach die gravierenden Unterschiede zwischen „guten Sportlern" und Spitzensportlern.

Das meiste Potenzial hat ein guter Sportler immer noch im Kopf.

Trainingseinheit: Zu Fuß auf den Hexenturm

alpine Weltanschauung

Ich weiß natürlich, dass meine Projekte den Lauf der Welt nicht beeinflussen. Aber um den Alpinismus weiterzuentwickeln, muss man gewohnte Konventionen überwinden und das, was jahrzehntelang Usus war ständig hinterfragen.
Die achttausend Meter hohen Berge vermehren sich nicht; der Höhe nach ist der Zenit bereits erreicht. Die weitere Entwicklung findet im Kampf gegen die Zeit statt. Und gegen den Zeitgeist.

CS

Seien wir realistisch - fordern wir das Unmögliche
MAMMUT
mammu
Kodak EPP 3411
Kodak EPP 3411

Alpine Entwicklung aus der Sicht Christian Stangls

Die Frage „Warum Skyrunning?" kann auch ich nicht eindeutig beantworten. Bergsteigen wird generell schon als nutzlose Leistung gesehen, warum sollte es da Sinn machen, Berge in hohem Tempo zu ersteigen? Ein Teil meiner Motivation ist sicher, dass „Skyrunning" zum Ausdruck meines Individualitätsbedürfnisses geworden ist, gewissermaßen als Antwort auf das „normale" Leben als Jugendlicher, als Schüler und später als technischer Angestellter. Im Bergsteigen erkannte ich schon früh die Möglichkeit, zumindest für wenige Tage oder wochenendweise, aus dem eher langweiligen Leben der Mittelmäßigkeit auszubrechen. Natürlich waren diese anfänglichen Bergtouren nichts Weltbewegendes, aber es war fast immer aufregend und es gab etwas zu erleben. Die Touren konnte man sich nach ihrer Schwierigkeit aussuchen, und sie standen bald stellvertretend für das „große Leben". Das Abenteuer Berg war das Salz in der Suppe meines Lebens.
Zurückblickend verlief meine frühe Jugend eher langweilig, alleine schon das Hineingestoßenwerden in die vorgefertigten Strukturen der Erwachsenenwelt lies mich oft in eine Art Lethargie verfallen. Zweifel an der Sinnhaftigkeit des Lebens kamen da oft auf. Ich habe mich sehr davor gefürchtet, dass ich mein Leben einfach nur so dahinlebe. Dass ich irgendwann nach der Schule einen Beruf ergreife, diesen dann vierzig Jahre lang mache und dann irgendwann einmal sterbe. Das war es dann. Eine grauenhafte Vorstellung.
Ein emotional flaches Leben, also ohne besondere Höhen und Tiefen, konnte ich nicht ertragen und mein Ausbruch aus meinem „normalen" Dasein als technischer Angestellter schien geradezu unausweichlich. Meine Bergtouren der frühen Jahre (und auch noch heute) brachten mich auch in Situationen, in denen Hunger, Schmerz und Kälte zu ertragen waren. Es klingt also logisch, wenn ich sage, dass ich dadurch erst lernte, mich wirklich über ein „Essen" zu freuen oder ein Dach über dem Kopf zu schätzen. Der Mensch kann sich über Dinge, die immer und überall verfügbar sind, nicht dauerhaft freuen. Das gilt für Nahrung, Geld und Güter ebenso wie für Glück und Zufriedenheit.
Diese Erkenntnis brachte ich über die Jahre auch im Bergsteigen von einer bergsportlichen Disziplin in die andere, und das war letztendlich auch gut so. Als Jugendlicher war ich jahrelang mit dem Bergwandern absolut zufrieden, bis es mich dann doch in den schweren Fels zog. Felsklettern über Jahre war das nächste Thema, dann kamen die Westalpen und das Winterbergsteigen dazu. Die halbjährige Südamerikareise im Jahre 1990 verband erstmals Bergsteigen mit Reisen, eine Kombination, die mir bis heute sehr gut gefällt. Danach folgte mit Ogre und Latok die erste Phase meines leistungsorientierten Bergsteigens. Die Solos durch die Achttausenderwände waren dann große

Ich habe unbewusst der Geschichte des „Höhenbergsteigens“ ein paar Jahre vorgegriffen.

psychische Herausforderungen, bei denen ich oft große Ängste durchstand, aber dadurch konnte ich noch neue, unbekannte Winkel meines „Ichs“ kennenlernen. Die „Speedphase“ folgte. Sie machte bislang am meisten Spaß, da ich damit eine weitere Leidenschaft, die des Leistungssports, miteinbinden konnte und ich damit auch am meisten Erfolg hatte.
Mit den „Skyrunning“-Projekten wurde der sportliche Leistungsgedanke wieder mehr in den Vordergrund gerückt, und das war mir sehr recht. Abgesehen davon, bekam meine Art Berge zu besteigen etwas Individuelles und Einzigartiges. Ich kreierte mir also diesen Sport selbst, der all meine Interessen verband: Berge, (Leistungs-)Sport, Reisen und Individualität. Skyrunning sehe ich heute als eine leistungssportlich orientierte Unterdisziplin von „Höhenbergsteigen“. Streng genommen ist „Höhenbergsteigen“ ein absolut unbrauchbarer Begriff, gibt es denn auch ein „Tiefenbergsteigen“? Das Besteigen hoher Berge, vornehmlich im Ausland, ist heute Massensport. An und für sich eine natürliche Entwicklung, jene Zeiten, wo sich ein paar alpine Abenteurer in den Himalaya aufmachten sind längst vorbei. Die Gipfel sind tausendfach bestiegen, im Falle der Achttausendmeter-Gipfel trat dieses Ereignis einer erfolgreichen Gipfelbesteigung im Laufe seiner 59-jährigen Besteigungsgeschichte über 12.000 (!) Mal ein. „Nur“ den Gipfel eines hohen Berges zu erreichen mag ein interessantes persönliches Ziel

sein, stellt jedoch seit langem keine außergewöhnliche alpine Leistung mehr dar. Diese Erkenntnis war unter anderem einer der wichtigsten Auslöser für meine Ideen und meinen Sport. Zum einen konnte ich dadurch meiner Individualität Ausdruck verleihen, zum anderen habe ich damit unbewusst der Geschichte des „Höhenbergsteigens" ein paar Jahre vorgegriffen.
Obwohl die Begehungszeiten meiner Aktionen vordergründig erscheinen, habe ich prinzipiell nur einen Aspekt bis an seine Grenze ausgereizt. Betrachtet man die Anzahl der Hochlager, die für die Erstbesteigung des Mount Everest im Jahre 1953 notwendig waren (es waren neun!), reduzierte sich die Zahl im Jahre 1978 (P. Habeler und R. Messner erstmals ohne Sauerstoff) schon auf fünf. Gegenwärtig werden im Schnitt auf dem höchsten Berg der Welt nur vier Lager verwendet (auf der Nordseite drei). Die Entwicklung war ganz klar abzusehen, und meine Lösung lag schon auf der Hand. Null Zwischenlager – „Skyrunning" als nächste Stufe war erreicht. Das ist auch punktgenau die Botschaft meiner Vorträge. Tendenzen erkennen, Lösungen suchen, handeln. Ich kann heute in einem 45-minütigen Vortrag beweisen, dass ein einzelner Mensch das ganze „Regelwerk" von gut fünfzig Jahren Geschichte des Höhenbergsteigens in Frage stellen kann. Alpintechnisch sowie höhenmedizinisch. Auch wenn die Beweisführung in meinem Falle Jahre gedauert hat, mit dem Abschluss des „Seven Summits Speed-Projektes" konnte ich belegen, dass Zwischenlager auf keinem Berg in keinem Gebirge der Welt mehr zwingend notwendig waren. Ich hätte das nie geschafft, wenn ich begonnen hätte, alpine Leistungen einfach nur zu kopieren oder alpine Modeerscheinungen mitzumachen. Wenn es auch dem „alpinen Laien" völlig egal sein wird, ob es irgendeiner jemals geschafft hat, die höchsten Berge allein, ohne Lagerkette in einem Zug in weniger als vierundzwanzig Stunden hin und retour zu besteigen – mir reicht das!
Ich sehe meine „Skyrunning Aktionen" als ganz kleinen persönlichen künstlerischen Akt. In Verbindung mit den Scheinwerten unserer Gesellschaft bekommen meine Skyruns aber einen ungeahnt hohen Stellenwert, denn sie gehören zu den wenigen Dingen, die man nicht für Geld kaufen kann. Man kann sich heute zwar problemlos einen Achttausender „kaufen", aber für eine „Ein-Tages-Tour" muss man schon intensiv einige Jahre Zeit, Energie und Hirnleistung investieren. Die allgemeine Tendenz im Besteigen höherer Berge (um das Unwort Höhenbergsteigen zu vermeiden) geht heute in Richtung Sammeln. Die Klassifikation der Berge wird durch ihre Höhe bestimmt. Diese wiederum beruht auf der willkürlichen Festlegung des Urmeters das heute in Paris liegt. Die 4.000er der Alpen waren das erste Sammlerobjekt der Bergsteiger, und der Österreicher Karl Blodig war der Erste, der diese Sammlung im Jahre 1911 komplettierte. Betrachtet man die nachstehende Tabelle, so wird ersichtlich, dass die zweiundachtzig

4.000er der Alpen und die vierzehn 8.000er des Himalaya und Karakorum die leichtesten Aufgaben sind. Sie sind im Laufe der Geschichte schon mehrfach von Einzelpersonen gelöst worden. Im krassen Gegensatz dazu scheint die Aufgabe, alle vierhundert 7.000er der Erde zu besteigen, selbst für die besten Alpinisten im 21. Jahrhundert ein utopisches Unterfangen. Unlösbar?
Erst im Jahre 2000 wurde der letzte 6.000er der Anden bestiegen. Die Besteigungsgeschichte dauerte dort mehr als ein halbes Jahrtausend. Die Aufgabe, alle 102 Anden-Sechstausender erstmals als Einzelperson zu besteigen reizt. Bei meinem letzten Aufenthalt in Argentinien im Dezember 2008 stand ich auf dem Gipfel meines 52. Anden-Sechstausenders. Wer aber jemals die Gipfel des Chacraraju, des Jirishanca oder des Yerupaja in den peruanischen Anden gesehen hat, wundert sich nicht, dass diese Aufgabe noch einen Protagonisten sucht. Obwohl es an Bewerbern nie fehlte, haben diese drei Berge zusammen noch immer weniger Gipfelbesteigungen als der K2.
All diese vorgestellten Zukunftsvisionen (siehe Tabelle) beziehen sich jedoch nur auf eine Form des Alpinismus, nämlich die des Sammelns. Sammeln lohnt sich natürlich immer nur für den Protagonisten, Nachahmen macht in den wenigsten Fällen Sinn. Nicht berücksichtigen kann man hier die unbegrenzten Möglichkeiten von Neutouren. Diese Form des „Neutouren-Alpinismus“ ist einfach nicht erfassbar und daher unerschöpflich. Auch die Möglichkeiten für neue „Skyrun-Projekte“ sind unendlich. Neue Besteigungsrekorde kann man immer aufstellen, die Entwicklung sieht hier kein Ende vor.

Die Erkenntnisse, im Verlauf meiner erfolgreichen Skyrunning-Projekte gewonnen, sind der beste Beweis für die lebendige Entwicklung. Auch wenn es in unserer Gesellschaft gegenwärtig oft so aussieht, als hätte die Evolution ihren Endpunkt erreicht. Ein Endpunkt, geprägt von Berufsstress, krankhafter Gewinnmaximierung und chronischer Geldnot. Nichts ist für immer. Unsere Werte haben wir uns selbst geschaffen, aber wir sind nicht gezwungen, überall mitzumachen. Die Lösung, unser eigenes Leben so zu gestalten, dass es uns wirklich erfüllt, mag scheinbar schwierig zu finden sein. Zumal man ja nie wirklich weiß, ob man einen „Katzensprung" oder „meilenweit" davon entfernt ist.

Gelöste und ungelöste Aufgaben im „Sammler"-Alpinismus

Aufgabe	bestiegen „von-bis"	durch Einzelpersonen
14 8.000er	1950-1964	18
400 7.000er	ab 1907, nicht alle bestiegen	0
102 6.000er der Anden	ca. 1400 bis 2000	0
Alle 6.000er	Unbekannt, nicht alle bestiegen	0
Alle 5.000er	Unbekannt, nicht alle bestiegen	0
Alle 4.000er	Unbekannt, nicht alle bestiegen	0
82 4.000er der Alpen	1786-1906	unzählige

Die „einfacheren" Sammler-Aufgaben wurden binnen kürzester Zeit mehrfach gelöst, für die nachfolgenden Generationen bleiben noch genug Herausforderungen (Stand: August 2009).

Fotoshooting für Ausrüster und Sponsoren im Gesäuse

KNAUF
Paltentaler

Rent a Stangl

Christian Stangl ist nicht unnahbar, er steht fest auf dem Boden der Realität. Deshalb schätzt man ihn auch als Guide:
Als staatlich geprüften Bergführer in allen Gebirgsregionen der Welt. Und als Coach für Führungskräfte aus Wirtschaft, Kultur und Politik.

Führungskraft
11
Kodak EPP 3411
Kodak EPP 3411

Stangl führt!

Gut Ding braucht Weile? Man glaubt es kaum, aber es gibt Dinge im Leben des „schnellsten Bergsteigers der Welt", die sich langsam, sehr langsam entwickelten. Beispiel: Christian begann die Ausbildung zum Bergführer 1988 und beendete sie am 11. Juli 2008 in Chamonix, also 20 Jahre später – das ist Weltrekord! Stangl erklärt dies so: *Schon bei der ersten Aufnahmeprüfung bin ich beim Skifahren wegen meines miserablen Fahrstils durchgefallen.* Birgit Rinner ergänzt an dieser Stelle: „Er fährt auch heute noch wie eine wilde Sau!" *Später ist mir dann immer wieder etwas dazwischen gekommen, außerdem habe ich damit die Jungbergführerphase übersprungen, es hat mich in meiner Sturm- und Drangzeit einfach nicht interessiert, immer dieselben Routen führen zu müssen!* Heute ist der steirische Skyrunner ein gefragter Bergführer für Auslandsbergfahrten und als solcher vornehmlich im Auftrag international tätiger Veranstalter unterwegs. Für die Zukunft plant CS, sich der Bergführerei regelmäßiger zu widmen: *Der Job kann richtiggehend Spaß machen, es kommt darauf an, wie man es anlegt.*

Vorträge, Seminare und Symposien

Ich habe 15 Jahre lang als Elektrotechniker gearbeitet, Projekte in Lybien und anderswo geleitet und damit guten Zaster verdient. Im Zuge meiner Vorträge wird mir häufig die Frage gestellt, wie ich es geschafft habe „auszusteigen". Antwort: Alles was denkbar ist, ist möglich! Ich weiß, das ist ein dehnbarer Satz, letztendlich mündet er in der mir wichtigen Kernaussage, wonach ein einziger Mensch Dinge ändern und weiterentwickeln kann, die über Jahrzehnte hinweg als unverrückbar galten. Dies gilt sowohl für den persönlichen Lebenswandel, wie auch in den Bereichen der Wirtschaft, der Forschung, des Sports ...

Die Denkweisen und Ziele von Spitzensportler werden oft als verrückt, irrsinnig und unmöglich eingestuft. Den Mount Everest in einem Stil zu besteigen, als wäre er ein kleiner Waldhügel von nebenan, war für Christian Stangl niemals Utopie, es war das Ergebnis einer simplen Denkweise: Das einmal Erreichte ist die Basis für neue Herausforderungen. Anhand von Fallbeispielen im Bereich „Skyrunning", wird dies recht deutlich.

Die „Freude an der Auseinandersetzung mit dem Unmöglichen" unterscheidet den Protagonisten vom Nachahmer. Der Leistungssport mit seinen klar verständlichen Metaphern war und ist noch immer ein ideales Instrument, um die Basiselemente auf dem Weg zum Erfolg darzustellen. Die Basiselemente, die in den Vorträgen angesprochen werden, sind:

Der Skyrunner als gefragter Bergführer ... und als Vortragender

Fachwissen, Erfahrung, Individualität, Ideenfindung, Zielorientierung, Scheitern, Neuorientierung, Training, Erfolg ...
Die sportlichen Höchstleistungen sind im Vortrag nur Orientierungspunkte, die Denkstrukturen des Akteurs stehen aber im Mittelpunkt. Diese Denkstrukturen nützen internationale Konzerne und Institutionen als Parameter für betriebsinterne Muster auf dem Weg zum wirtschaftlichen Erfolg. Die Antriebskräfte des Skyrunners sind in Wirtschaft und Politik auf fruchtbaren Boden gefallen. Das beweist auch ein Auszug aus der Referenzliste: IBM, Fujitsu SIEMENS, Rohöl AG, KNAUF, GUIDANT, SKANDIA, Fast Forward Award, Österreichische Volkspartei, Sport- u. Kulturkongress Kufstein, ARGE Alpinmedizin, KAD - Kongress Agentur Dammer, Merkur Versicherungen, KMU-Tagung Schweiz, Gore-Deutschland etc.

Buchungen:
Christian Stangl | 8911 Admont, Hall 336 | Austria
Tel.: +43(0)664/9687855 | Mail: stangl@skyrunning.at
www.skyrunning.at

promotion

Wie ist es, plötzlich ein Filmstar zu sein?

Ach, mir ist das eigentlich alles zuviel. Und wenn ich mir all meine Reisen leisten könnte, würden wir jetzt gar nicht hier sitzen. Viele Leute sagen, ich sei naiv und verkaufe mich nicht gut. Aber mir ist das schon lästig, wenn ich auf einer Berghütte plötzlich von Wildfremden gefragt werde, wo die nächste Tour hingeht. Ich nehme das den Leuten nicht übel, aber irgendwie ist man halt nur „Berg“ und „schnell“, aber nicht die ganze Persönlichkeit. Außerdem gibt es keine Leistungstransparenz wie beim Fußball, wo der gewinnt, der Tore schießt: Zehn Sechstausender in sieben Tagen zum Beispiel, da weiß keiner so genau, was das bedeutet. Könnten auch zwanzig sein.

Andreas Lesti, FAZ – 2007/244

FIRST PERSON CHRISTIAN STANGL
Gespräch: Christian Stangl
Laufen Sie Ihrem Körper davon, Herr Stangl?
Liezener Bezirksnachrichten
Im Licht der Öffentlichkeit
Radtour nach Athen als Trainingseinheit!
plo durch die Nordwand
Der Admonter Christian Stangl lieferte wieder einmal ein
'I sprint up mountains'
Mit dem Drahtesel von Admont bis Gibraltar
Christian Stangl radelte über 3.000 km
decided to climb Mount
Bis ans Limit
Vortrag am 18. März um 19.30 Uhr in Liezen
Christian Stangl startet im März
Solotour auf Lhotse und Everest
I THOUGHT EXTREME MOUNTAINEERING WAS TOO RISKY, BUT SLOWLY I UNDERSTOOD THAT IT IS NOT SAD TO DIE
Der Everest als Tagestour

Objekt der Begierde

Wenn es ein Manko in der Persönlichkeit Stangls gibt, dann ist es seine ausgeprägte Aversion gegen die Selbstdarstellung. Schon in frühen Jahren, wo er noch im „Schutz der Anonymität" vor sich hin laufen konnte, mussten ihm Informationen zu seinen Unternehmungen förmlich abgerungen werden. Leeres Geschwätz ist seine Sache nicht. Der „Everest als Tagestour" machte ihn dann über Nacht zum Popstar innerhalb der alpinen Elite; von da an setzte ein „medialer Run" ungewohnten Ausmaßes ein, Medienstationen aus aller Welt, Zeitungen und Magazine, von der „Frankfurter Allgemeinen" bis zur „Financial Times" widmeten dem Skyrunner aus Admont breite Aufmerksamkeit. Während er sich mit Kritik an seinem Tun intensiv beschäftigt, reagiert er auf wohlwollendes Lob reserviert. *Der ganze Medienhype ist ein einziges Auf und Ab mit vielen Halbwahrheiten. Ich weiß seither, dass man nicht alles glauben soll, was in den Zeitungen steht …* Das Thema der eigenen Vermarktung ist ihm sichtlich zuwider und fördert seiner Aussage nach auch Widersprüche zu Tage: *Einerseits ärgert mich die Tatsache, den Kasperl im Theater einer sensationsgeilen Gesellschaft zu spielen, andererseits ist das auch Teil meines Jobs, ich weiß, was ich meinen Sponsoren schuldig bin. Und wenn das Ganze dazu beiträgt, dass ich meine Projekte dadurch leichter umsetzen kann, soll's mir recht sein …* Es wäre nicht Stangl, würde er nicht auch diesem Aspekt mit Professionalität begegnen. Gemäß seiner Prinzipien, wonach speziell die eigenen Defizite zu trainieren seien, gibt er Pressekonferenzen und stellt sich geduldig „den immer gleichen Journalistenfragen", gibt Interviews im Fernsehen und Radio, setzt seine Popularität für Werbezwecke ein und „modelt" im Auftrag seiner Ausrüster. Business as usual macht eben auch vor einem Skyrunner nicht halt.

Klappe! Film läuft ...

Mehr als die Inszenierung coram publico, *die die Welt da draußen nur solange begeistert, solange man oben ist,* interessieren Christian publizistische Projekte, in denen fachspezifische Fragen im Vordergrund stehen. So werkelt er als „Schreiberling“ und verfasst da und dort Beiträge für Magazine und Zeitungen. Sein Augenmerk liegt aber im Versuch, sein Tun auch für Laien nachvollziehbar zu machen. Probates Mittel dafür ist das Medium Film: *Es ist schwierig, das was ich tue in schriftlicher oder fotografischer Form sichtbar zu machen. Es liegt ja in der „Natur der Bewegung“, dass diese Mittel immer „statisch“ wirken.* Nach dem spektakulär verfilmten Skyrun über die Gesäuseberge, startete er im Zuge der „Jogging-High-Tour“ zusammen mit Raimund Reiter ein eigenes Experiment. Das Ergebnis wurde bei diversen Bergfilm-Festivals präsentiert und zeigte Wirkung. Besonders eine Szene machte ersichtlich, was ein Skyrun ist: In einem steilen Eisfeld befinden sich drei Bergsteiger, der obere sichert, während die anderen zügig und gekonnt die Flanke emporsteigen. Plötzlich taucht am unteren Bildrand der Skyrunner auf – um ebenso rasch im oberen Bildrand wieder zu verschwinden ... In dieser Art folgten weitere Dokumentationen wie der Trailer zur „Carpe diem-Tour“ oder Hubert Riegers „The Skyrunner“, der bei der „European Outdoor Filmtour“ in 70 deutschen Städten für Aufsehen sorgte. Ideen für weitere Filmprojekte gäbe es genug. Das Problem dabei ist der enorme materielle und finanzielle Aufwand, insbesonders in weit abgelegen Regionen und in großen Höhen. Da Stangl aber stets das Unmögliche fordert, wird auch in diesem Bereich noch die eine oder andere Idee zur Realität werden.

Rechts: Der Skyrunner als Darsteller

Sponsoring

Als Alpinist und Bergführer schätze ich eine
verlässliche Partnerschaft.
Meine Erfolge verdanke ich unter anderem
visionären Menschen, die den Begriff der Partnerschaft
in guten wie in schlechten Zeiten pflegten.
Danke.

CS

Förderer
für Fordernde

Förderer, Mäzene und Freunde

Christian Stangl ist seit 2002 „Berufsbergsteiger". Die Beendigung seiner Tätigkeit als Elektrotechniker war und blieb ein Wagnis, das besonders in den frühen Jahren als „freischaffender Höhengeher" existentielle Fragen offen ließ. Ein Lebensstil frei von jedem Luxus, die „reduzierten Aufwände" bei den jeweiligen Projekten, sowie seine Vortrags- und Bergführertätigkeit bildeten eine bescheidene Grundlage. Nach und nach erkannten Förderer aus der Wirtschaft das Potenzial des Protagonisten im gegenwärtigen Höhenbergsteigen und unterstützen seine Unternehmungen.
Dafür bedankt sich Christian Stangl bei seinem langjährigen Mäzen „Northland professional Graz"; bei „Absolute Outdoors" in Liezen" und beim Grazer Traditionsbetrieb „Hornig-Kaffee". Besonders den gegenwärtigen Haupt- und Nebensponsoren, den technischen Partnern, den unterstützenden Ausrüstungsprofis und allen befreundeten Agenturen wird an dieser Stelle ein Dank für die gute Zusammenarbeit ausgesprochen.

www.mammut.ch | www.knauf.at | www.paltentaler-minerals.at
www.sport-vasold.at | www.style-web.at | www.fliegfix.com
www.hilleberg.com | www.adventuretrain.de | www.alpinstil.at
www.rafting.at | www.northland.at | www.eigenart.st | www.mma.co.at

MAMMUT
MAMMUT

Das Abenteuer Berg ist das Salz
in der Suppe meines Lebens.

CS

Kodak EPP 3411
Kodak EPP 3411
MAM
1562

Wolfgang Göschl

Jg. 1969. Förster bei der Wildbach- und Lawinenverbauung. Lebt in Frauenberg bei Admont. Einsatzleiter im Bergrettungsdienst Gesäuse. Mit Bruder Gerfried u. a. auf dem Cho Oyu und Gasherbrum II. Früher Partner von Stangl, mit ihm u. a. in den Anden, auf dem Ogre sowie auf dem Latok II.

Andreas Hollinger

Jg. 1973. Fachbereichsleiter im Nationalpark Gesäuse. 1993 Latok II-Expedition. 1996 Diran Peak im Alleingang. 1998 zehn der höchsten Gipfel der Anden. Im Gesäuse bekannt als Erstbegeher von alpinen Sportkletterrouten und als Mitautor des Kletterführers Xeis-Auslese (2. Aufl. 2009).

Thomas Strausz

Jg. 1969, lebt bei Gröbming und arbeitet als Psychologe für verschiedene Institutionen. War u. a. tätig in der Landesleitung der steir. Bergrettung. Expeditionen u. a: Dhaulagiri, Nanga Parbat, Shisha Pangma, Manaslu ... Mit Stangl seit 1989 unterwegs, u. a. auf dem Latok II sowie auf dem K2.

Jürgen Reinmüller

Jg. 1982. Berg- und Skiführer, intern. Canyoning- und Raftingguide. Swiftwater Rescue Technician, Ausbilder der steir. Bergrettung. Geograf und Leiter der Alpinschule Alpinstil. Mit Stangl unterwegs u. a. auf dem Broad Peak und auf dem Khan Tengri. Autor des Kletterführerers „Xeis-Auslese“, www.alpinstil.at

Raimund Reiter

Jg. 1979. Lebt und arbeitet in Weng bei Admont. Inhaber der Multimedia-Produktionsfirma „EigenART“.

Mitglied im Alpinen Rettungsdienst Gesäuse. Mit Stangl Filmprojekte in den Anden (2003 Jogging-High, 2008 Carpe diem-Tour).

www.eigenart.st

Birgit Rinner

Jg. 1973. Diplomkrankenschwester in Rottenmann. Die universelle Alpinistin lebt mit Christian Stangl in Hall bei Admont. Bei den verschiedenen Projekten fungiert sie zumeist als Tourassistentin und ist für Transporte, Logistik und Verpflegung zuständig.

Ernst Kren

Jg. 1962 in Admont, Grafik-Designer, Fotograf und Inhaber der Medien Manufaktur Admont. Gründungsmitglied der Plattform zum Schutz des Gesäuses, des Team Gesäuse Kreativ und Protagonist des Nationalparks Gesäuse. In seiner Zeit als Tourismusobmann erfolgte u. a. die Errichtung von Klettersteigen, die Umsetzung des alpinen Sanierungsplanes und die Neustrukturierung der regionalen Tourismusorganisation. Bergrettungsmitglied seit 1985, Obmann der Alpenvereins-Sektion Admont-Gesäuse, Mitglied der Berg- und Naturwacht und Aufsichtsorgan im Nationalpark Gesäuse. Publizierte mit Wolfgang Heitzmann 2002 den Bildband „Gesäuse – Nationalpark und Ennstaler Alpen“, 2007 „Gesäuse – Vielfalt zum Staunen“ und „Gesäusepioniere – Geschichten aus der Universität des Bergsteigens“ (2008, Hasitschka, Kren, Mokrejs). Daneben zahlreiche Bild- und Textbeiträge in diversen Medien und Beratertätigkeit bei verschiedenen Filmproduktionen über die Gesäuseberge.

Bildnachweis

Gerhard Auer | Hérman Max Binder | Pascal Brönnimann
Marco Chiantore | Patricio Crausaz | Gottfried Gansterer
Rainer Gindl | Wolfgang Göschl | Andreas Hollinger
Mike Jäger | Ernst Kren | Walter Laserer
Helmut Lunghammer | Heimo Modre | Romel Mosha
Juanito Oiarzabal | Reini Ranner | Jürgen Reinmüller
Raimund Reiter | Hubert Rieger | Birgit Rinner
Christian Schmidt | Christian Stangl | Karl Stangl
Jörg Stingl | Thomas Strausz | Ernst Tramberger
Ben Tubby

Impressum:

Text, Layout, Satz und digitale Druckvorstufe:
Ernst Kren, Medien Manufaktur Admont
8911 Admont, Schmiedgasse 69
www.mma.co.at

Lektorat: Christine Wiesenhofer
Gesamtherstellung: Leykam Buchverlag
Titelbild: Foto Raimund Reiter

ISBN 978-3-7011-7642-7
www.leykamverlag.at

Gewidmet:
Bernd „Bernschi“ Stecher
und Rainer „Ranger“ Gindl

Das Buch wäre ohne tatkräftige Unterstützung von vielen anderen niemals zustande gekommen. Danken möchte ich hierfür:

Meinen Eltern, durch deren Unterstützung ich mit einem gewissen Grad an Bildung ins Leben schreiten durfte.

Meiner Lebensgefährtin, die mich in meiner exzentrischen Lebensweise nicht nur duldet, sondern darüber hinaus auch noch bestärkt.

Dem Schreiberling und Moderator dieses Werkes, der es spontan als Herausforderung sah, sich der kosmischen Unordnung meiner Gedanken und meiner fragmentarischen Aufzeichnungen anzunehmen und ihnen eine konzeptionelle Struktur zu verpassen.

Dem Verlag für das unablässige Drängen, meine Ideen über diese neue Form des Alpinismus schriftlich zu dokumentieren.

Allen Fremdautoren, die durch ihre schriftlichen Erzählungen ein – alpinistisch gesehen– weitaus realeres Bild meiner bisherigen sportlich alpinen Laufbahn geben.

Allen Seilpartnern für die ungezählten Seillängen in Fels und Eis, egal ob wir sie „per Gaudi“ kletterten, oder ob es bei der einen oder anderen echt „um die Wurscht“ gegangen ist.

Meinem Seilpartner vom Ogre, ohne dessen Einsatz meine Lebensgeschichte schon auf Seite 24 – gemäß dem vorliegenden Buch - geendet hätte.

Meinen wenigen echten Freunden, mit denen man ungeniert von „Hochphilosophischem“ bis zu „absolutem Schwachsinn“ alles diskutieren kann.

Allen überirdischen Mächten, deren Existenz wir niemals beweisen werden können.

Und zu guter Letzt dem Zufall, dass er mich nie dort sein hat lassen, wo die Schöpfung ihre ganze Urkraft offenbarte.